Le fruit du travail

Inverser la logique

Collection « L'esprit économique »

fondée par Sophie Boutillier et Dimitri Uzunidis en 1996
dirigée par Sophie Boutillier, Blandine Laperche, Dimitri Uzunidis

Si l'apparence des choses se confondait avec leur réalité, toute réflexion, toute Science, toute recherche serait superflue. La collection « L'esprit économique » soulève le débat, textes et images à l'appui, sur la face cachée économique des faits sociaux : rapports de pouvoir, de production et d'échange, innovations organisationnelles, technologiques et financières, espaces globaux et microéconomiques de valorisation et de profit, pensées critiques et novatrices sur le monde en mouvement...
Ces ouvrages s'adressent aux étudiants, aux enseignants, aux chercheurs en sciences économiques, politiques, sociales, juridiques et de gestion, ainsi qu'aux experts d'entreprise et d'administration des institutions.

La collection est divisée en six séries :

Dans la série *Economie et Innovation* sont publiés des ouvrages d'économie industrielle, financière et du travail et de sociologie économique qui mettent l'accent sur les transformations économiques et sociales suite à l'introduction de nouvelles techniques et méthodes de production. L'innovation se confond avec la nouveauté marchande et touche le cœur même des rapports sociaux et de leurs représentations institutionnelles.

La série *Economie formelle* a pour objectif de promouvoir l'analyse des faits économiques contemporains en s'appuyant sur les approches critiques de l'économie telle qu'elle est enseignée et normalisée mondialement. Elle comprend des livres qui s'interrogent sur les choix des acteurs économiques dans une perspective macroéconomique, historique et prospective.

Dans la série *Le Monde en Question* sont publiés des ouvrages d'économie politique traitant des problèmes internationaux. Les économies nationales, le développement, les espaces élargis, ainsi que l'étude des ressorts fondamentaux de l'économie mondiale sont les sujets de prédilection dans le choix des publications.

La série *Krisis* a été créée pour faciliter la lecture historique des problèmes économiques et sociaux d'aujourd'hui liés aux métamorphoses de l'organisation industrielle et du travail. Elle comprend la réédition d'ouvrages anciens, de compilations de textes autour des mêmes questions et des ouvrages d'histoire de la pensée et des faits économiques.

La série *Clichés* a été créée pour fixer les impressions du monde économique. Les ouvrages contiennent photos et texte pour faire ressortir les caractéristiques d'une situation donnée. Le premier thème directeur est : mémoire et actualité du travail et de l'industrie ; le second : histoire et impacts économiques et sociaux des innovations.

La série *Cours Principaux* comprend des ouvrages simples, fondamentaux et/ou spécialisés qui s'adressent aux étudiants en licence et en master en économie, sociologie, droit, et gestion. Son principe de base est l'application du vieil adage chinois : « le plus long voyage commence par le premier pas ».

Régis Guillet

Le fruit du travail

Inverser la logique

L'Harmattan

5-7, rue de l'École-Polytechnique ; 75005 Paris

http://www.editions-harmattan.fr/

ISBN : 978-2-336-59697-6
EAN : 9782336596976

Il y a dans la France d'aujourd'hui une fatigue profonde et persistante. Elle ne se manifeste pas toujours dans les manifestations ou dans les urnes, mais elle traverse les conversations de café, les soupirs des travailleurs à la sortie de l'usine ou du bureau, les regards résignés de ceux qui, sans colère apparente, ne croient plus vraiment aux promesses collectives. C'est un doute diffus, presque insidieux, qui fragilise le rapport au travail et mine la confiance dans l'avenir.

On pourrait pourtant imaginer une société différente, où l'énergie de chacun serait utilisée pleinement, où les règles seraient lisibles et stables, où l'effort trouverait naturellement sa récompense. On pourrait se représenter un pays où les générations ne s'accuseraient plus mutuellement de s'être sacrifiées l'une pour l'autre, mais où la solidarité redeviendrait un pacte clair et partagé. La France a toutes les qualités pour être ce pays, car elle dispose d'une histoire riche, d'une compétence collective reconnue et d'une volonté encore présente dans ses citoyens. Ce qui lui manque, ce n'est pas le talent ou la ressource, mais un cadre renouvelé et un souffle capable de dépasser les compromis de court terme.

Les dernières décennies ont entretenu une habitude dangereuse, celle de gérer les crises au jour le jour au lieu de traiter leurs causes profondes. Les dispositifs se sont multipliés, les règles se sont empilées, les promesses de simplification ont produit encore davantage de complexité. Chaque réforme annoncée comme protectrice a parfois créé des inégalités nouvelles. Chaque mesure pensée comme un progrès a souvent ajouté une contrainte supplémentaire. Le citoyen, qu'il soit salarié, entrepreneur ou retraité, vit ainsi une contradiction permanente entre ce qu'on lui dit et ce qu'il observe, entre ce qu'on lui promet et ce qu'il reçoit, entre ce qu'il contribue et ce qu'il perçoit.

Il n'est pas nécessaire de se perdre dans des slogans ou des incantations pour comprendre que ce modèle s'épuise. Il suffit d'observer la lassitude qui grandit, de voir la méfiance qui s'installe, et de reconnaître que le pays ne peut plus se contenter de colmater des brèches. L'avenir exige une cohérence nouvelle, un pacte social où les droits et les devoirs cessent de s'opposer et se complètent, où la valeur de l'effort retrouve sa place au centre, où la société redécouvre que la justice n'est pas l'égalitarisme mais la reconnaissance proportionnée de l'engagement de chacun.

Rien ne serait plus dangereux que de considérer cette situation comme une fatalité. Rien ne serait plus décourageant que de penser que la France est condamnée à vivre avec ses blocages et ses contradictions. L'histoire du pays montre au contraire que, dans ses moments les plus difficiles, elle a toujours su se réinventer, retrouver une énergie nouvelle et construire des institutions capables de traverser les épreuves. La question n'est donc pas de savoir si une transformation est possible, mais si nous aurons la constance et la lucidité nécessaires pour l'accomplir.

Dans ce livre, il ne s'agit pas d'imposer des solutions toutes faites ni de dresser une liste exhaustive de promesses. Il s'agit d'ouvrir un chemin, de montrer qu'une autre organisation est envisageable, qu'une société plus lisible et plus juste n'est pas une utopie mais une perspective réaliste. Le travail peut redevenir une force d'émancipation et non une contrainte subie. L'entreprise peut redevenir un lieu de progrès partagé et non un champ de tensions permanentes. L'État peut redevenir un arbitre crédible et non un gestionnaire de complexités administratives.

Le style adopté est volontairement en décalage avec les autres ouvrages, car c'est avant tout l'analyse qui a été le centre de la réflexion. Lire des commentaires des chiffres peut rapidement devenir imbuvable tout comme les tirades pour décrire une idée. Le choix est assumé, c'est pourquoi, ces pages ne livrent pas toutes les réponses, elles tracent simplement une direction. Elles invitent à regarder le présent sans complaisance, à reconnaître les limites de ce qui existe, mais aussi à entrevoir l'avenir sans résignation. Elles proposent d'ouvrir une séquence où la France reprendrait confiance en elle-même, non par nostalgie d'un âge d'or révolu, mais par la conviction que son avenir reste à écrire et qu'il dépend des choix que nous ferons dès aujourd'hui.

Si la France en est arrivée à ce sentiment diffus de déséquilibre, ce n'est pas par manque de richesses ni par absence de talents. Le pays dispose d'ingénieurs capables de concevoir les technologies les plus avancées, d'ouvriers dont le savoir-faire est reconnu à l'international, d'agriculteurs qui nourrissent l'Europe entière, de chercheurs dont les découvertes alimentent la médecine mondiale, d'artistes et d'écrivains qui influencent la culture universelle. Tout cela forme un patrimoine vivant, une énergie humaine considérable. Pourtant, cette énergie se trouve souvent bridée par des règles confuses, des procédures interminables et une impression persistante de décalage entre les efforts accomplis et les résultats obtenus.

La vie quotidienne illustre cette contradiction. Le salarié voit apparaître sur sa fiche de paie une succession de lignes dont il ne comprend pas le sens. L'entrepreneur remplit des formulaires qui se multiplient sans jamais lui donner de vision claire sur ce qu'il devra verser à l'État ou sur ce qu'il pourra espérer en retour. Le citoyen entend chaque année des promesses de simplification, mais il constate que la complexité continue de croître. Peu à peu, l'incompréhension s'installe, et avec elle une méfiance croissante.

On pourrait se demander si cette méfiance est une fatalité. Rien n'oblige un pays à vivre dans un labyrinthe administratif ou à accepter des contradictions permanentes. Il est possible de concevoir une société où l'effort se traduit immédiatement par un gain tangible, où le travail accompli est visible et reconnu, où la contribution de chacun alimente un système clair et compréhensible. Les exemples étrangers le montrent : certains pays ont réussi à rendre leurs règles simples et stables tout en préservant des protections sociales solides.

La question est donc de savoir si la France choisira de continuer à accumuler les réformes partielles qui se contredisent ou si elle acceptera de reprendre son modèle social et économique à la racine pour le rendre à la fois plus juste et plus lisible. Cette introduction ne prétend pas livrer toutes les réponses, mais elle annonce un changement de perspective. Ce qui compte n'est pas d'empiler des dispositifs, mais de créer un cadre qui redonne confiance.

L'avenir d'un pays ne se construit pas sur la résignation mais sur l'espérance. Or l'espérance naît quand chacun sent que ses efforts ne disparaissent pas dans un système opaque mais produisent un résultat concret. L'espérance renaît quand le salarié sait que sa régularité et son assiduité seront reconnues, quand l'entrepreneur sait que ses investissements seront encouragés plutôt que sanctionnés, quand le citoyen comprend que la solidarité nationale repose sur des bases équitables.

Cette espérance ne se décrète pas, elle s'organise. Elle demande une volonté politique, une clarté dans les règles, une transparence dans leur application. Elle demande aussi une cohérence entre ce qui est dit et ce qui est fait, entre les promesses et la réalité. Les Français n'attendent pas des discours flamboyants, ils attendent une logique simple et crédible : si je travaille, je progresse ; si je contribue, je bénéficie ; si je respecte les règles, elles me protègent.

Lassés des discours politico-politiques, les Français sont en droit d'attendre un nouveau cap, une nouvelle gouvernance dans laquelle, le Président de la République et son gouvernement ne serait plus obnubilés par leur carrière mais par les résultats de leur politique. Pourrait-on imaginer qu'un chef d'entreprise se contente uniquement d'être apprécié de ses salariés ? A l'instar d'un chef d'entreprise, nos gouvernants se doivent de prendre de la hauteur pour mettre en place les solutions qui s'imposent pour remettre sur le droit chemin de la prospérité l'entreprise France. Face à l'ampleur du constat réalisé, un premier tome est proposé. Celui-ci prend racine dans cette aspiration. Il propose de considérer que la complexité n'est pas une fatalité, que l'iniquité n'est pas un horizon inévitable, que la résignation n'est pas une identité nationale. La France a tout pour redevenir une grande puissance économique et sociale, non en imitant servilement d'autres modèles, mais en retrouvant le fil de ce qui a toujours fait sa force, à savoir, une capacité à organiser la société autour de la clarté, de la responsabilité et de l'équilibre.

Chapitre 1 – Travail, emploi, entreprise

Refonder le contrat productif français

Introduction

Il fut un temps où le travail était le socle de l'ordre social. Travailler, c'était s'émanciper, progresser, construire un avenir, fonder une famille, acquérir une dignité... Dans la France d'après-guerre, cette idée faisait consensus : chacun devait pouvoir vivre de son travail, et chaque contribution ouvrait des droits. L'État garantissait l'équilibre entre effort individuel et protection collective. Mais cette promesse s'est fissurée, lentement, puis brutalement. La complexité a pris le pas sur la lisibilité. Les statuts ont remplacé les responsabilités, l'administration est devenue un mur, la fiche de paie un code indéchiffrable et la contribution une abstraction. De réforme en réforme, on a multiplié les dispositifs, les aides, les primes, les niches, sans jamais reconstruire un cadre global. Pire, on est parvenu pour chaque génération à voir s'éloigner la retraite à mesure que le temps nous en rapprochait. Résultat : une société désorientée, où les actifs cotisent à un système qu'ils ne comprennent plus et pour lequel ils en sont parfois exclus. En 2025, nombreux de ceux qui travaillent se sentent pénalisés face à ceux qui ne participent pas.

Le droit du travail est également un amoncèlement incompréhensible de normes, il compte plus de 3 800 articles. Les seuils sociaux freinent l'embauche, les arrêts maladie explosent, parfois dévoyés en outil de confort personnel, le système de retraite est émietté en dizaines de régimes, avec des règles et avantages totalement différents, source d'inégalités et de frustration. Malgré les milliards investis, la France reste l'un des pays européens avec le plus faible taux d'emploi des seniors, et un chômage structurel des jeunes préoccupant. Tout ceci n'est pas une fatalité, des solutions existent sans aller à l'extrémité qui pourrait notamment conduire à une casse. C'est un appel à refonder sur des bases simples, lisibles, équitables. Dire clairement ce que chacun doit au collectif, et ce que le collectif doit à chacun. Cette réforme urgente et nécessaire du travail ne doit être ni une casse sociale, ni un cadeau aux grandes entreprises. Elle doit être un rééquilibrage profond : remettre l'effort au centre du jeu, simplifier les règles, créer de la confiance, et récompenser l'engagement. Car oui, la France a besoin de confiance. Une confiance dans ses institutions et ses représentants d'abord, une confiance dans le fait que si l'on travaille, on sera mieux traité que si l'on ne travaille pas, une confiance dans un système social qui protège les plus fragiles sans décourager les plus actifs, une confiance dans la capacité de la République à tracer un cap clair : produire, contribuer, redistribuer avec efficacité.

Ce livre est la clé de voute d'un projet. Il ne propose pas une ou deux mesures, mais un tout cohérent. Du temps de travail au compte épargne-temps, du contrat de travail à la fiche de paie, du droit syndical au régime de retraite, tout est repensé avec un seul objectif : redonner au travail sa valeur réelle. Pas seulement économique, mais aussi sociale, morale et républicaine.

Les reformes qui vont être développées ne sont pas idéologiques, elles sont stratégiques. Elles partent d'un diagnostic chiffré, d'une analyse comparative avec les pays plus efficaces que nous, et d'un engagement : faire mieux, sans excès, mais sans fausse pudeur. Récompenser ceux qui font, responsabiliser ceux qui bloquent, simplifier pour libérer, fixer des règles claires. La France a encore les moyens d'être. Elle doit être et demeurer, une nation du travail, mais elle doit s'en donner les règles, les outils, et surtout le courage. Ce tome en est l'architecture et comme toute construction solide, il commence par un diagnostic lucide.

Si l'on veut comprendre comment la France en est arrivée là, il faut revenir sur cinquante ans de dérives progressives, de choix politiques partisans, démagogiques ou irresponsables, parfois, pour ne pas dire souvent, sans vision à long terme. La désindustrialisation, la financiarisation de l'économie, les politiques de soutien sans contrepartie ont peu à peu sapé la valeur travail. La multiplication des régimes spéciaux de retraites, des primes dérogatoires, des exceptions fiscales et sociales a construit un système de plus en plus couteux, de moins en moins lisible, et profondément injuste pour ceux qui cotisent à plein régime, des réformes de retraites sans tenir compte de l'humain…

Le contrat implicite qui liait l'individu a la Nation - 'tu contribues, nous te protégeons' - s'est transformé en un enchevêtrement de droits automatiques, dont l'attribution ne dépend plus vraiment de l'effort fourni. Cette rupture n'est pas seulement économique, elle est morale. Elle nourrit le ressentiment, la défiance, le découragement. Elle explique en partie le repli, le rejet, et la montée du chacun-pour-soi. Restaurer un pacte du travail, c'est restaurer un projet collectif.

Cela passe par un changement de logique, une inversion de logique. Ne plus raisonner uniquement en termes de dépenses sociales, mais en termes de retour sur investissement pour la société. Un arrêt maladie injustifié a un coût. Une grève reconductible sans préavis paralyse la production nationale, un système de retraite déséquilibré oblige les générations suivantes à porter une dette qu'elles n'ont pas choisie. Inversement, chaque salarié bien traité, chaque entrepreneur qui embauche, chaque jeune bien inséré est un gain net pour la collectivité. C'est cette logique d'alignement entre intérêt individuel et intérêt collectif que l'on entend reconstruire. Il ne s'agit pas de décréter une révolution brutale, il s'agit de rétablir des fondations solides, à savoir, le droit à une carrière lisible, un revenu stable, un effort justement reconnu, le tout dans un cadre simple, sécurisant et durable. La France est riche de talents, d'énergie et d'expérience, mais elle ne valorise plus et ne récompense plus ceux qui portent réellement l'économie. Ce programme vise, modestement, à les remettre eu centre du jeu.

Nous allons donc, étape par étape, identifier les points de rupture, poser les constats, comparer les modèles étrangers, analyser les forces, les faiblesses les limites et surtout proposer des solutions. Pas des pansements, les gouvernants en ont assez posé. Le temps est venu de proposer des réformes structurelles, compatibles avec le terrain, viables financièrement, et compréhensibles par tous, sans en changer les règles à mesure que le temps passe. C'est à ce prix que la confiance pourra revenir, que l'économie réelle retrouvera de la vigueur, et que la promesse républicaine pourra à nouveau s'appliquer à chacun : vivre dignement par son travail, évoluer librement dans sa vie professionnelle, et transmettre un système plus juste aux générations futures.

I - Diagnostic approfondi

A – Les chiffres clés

La réforme du travail, des charges et de la retraite ne peut s'engager sans un constat lucide. Voici, chiffres à l'appui, la réalité brute d'un système déséquilibré, où la contribution individuelle est souvent découragée, et où la dépense publique ne garantit plus ni l'efficacité économique ni l'équité sociale. Ces quelques chiffres sont importants pour comprendre l'environnement de l'entreprise, de l'emploi, des cotisations sociales en France.

Emploi, inactivité et aides sociales : un déséquilibre structurel croissant

La première réalité à affronter est celle du déséquilibre entre les ménages qui travaillent et ceux qui ne participent plus au marché du travail, mais vivent des transferts sociaux. Ce phénomène n'est pas marginal : il devient structurel, avec des effets économiques, sociaux et moraux majeurs.

Selon les dernières données de la DREES et de l'INSEE, 15 % des ménages français n'ont aucun membre en emploi et vivent essentiellement d'aides sociales (RSA, APL, CAF, allocations familiales, complémentaire santé solidaire, exonérations diverses). Cette population est très diverse, mais elle inclut une proportion croissante de ménages jeunes, sans pathologie médicale, qui choisissent une forme de retrait du travail – temporaire ou durable.

Le coût direct de ces transferts est colossal : plus de 30,6 milliards d'euros par an pour les seuls minima sociaux, auxquels s'ajoutent plusieurs milliards en allocations logement, complémentaire santé et exonérations associées. Ces ménages, n'ayant ni emploi ni activité déclarée, ne paient ni impôt sur le revenu ni cotisations sociales, et ne contribuent donc pas au financement des droits collectifs.

À l'inverse, un salarié à temps plein, rémunéré au SMIC net mensuel (environ 1 425 € en 2025), perçoit moins qu'un ménage sans emploi avec trois enfants percevant des aides cumulées (ex. : RSA + APL + allocations CAF + exonération de mutuelle + chèques énergie), dont le revenu de transfert peut dépasser 2 200 € mensuels nets dans certaines situations (RSA couple avec 3 enfants : 1190 €, Allocations familiales 330 €, complément familial 180 €, APL 600 €, tarification sociale énergie… 100 €).

Ce différentiel génère un effet de trappe à inactivité : pourquoi reprendre un emploi mal payé, avec des frais de garde, de transport, d'alimentation hors foyer, et une perte d'aides sociales, si le revenu net reste équivalent ou inférieur à celui du non-travail ? Le système désincite structurellement à l'effort, en particulier dans les métiers pénibles, sous-valorisés ou en horaires décalés.

Ce phénomène crée un sentiment d'injustice chez les cotisants, en particulier les classes moyennes salariées, qui perçoivent peu d'aides, contribuent fortement, et voient leur pouvoir d'achat grignoté. Il alimente un rejet croissant de la solidarité, vécue non comme une protection mutuelle, mais comme une charge déséquilibrée.

Ce n'est pas seulement un problème de coût. C'est un problème de justice, d'efficacité et de cohésion républicaine. Une société ne peut pas durablement fonctionner si le travail n'est pas plus rentable, plus valorisé et plus lisible que l'inactivité.

Chômage structurel : le plein emploi reste une illusion

2,2 millions de chômeurs officiels, mais plus de 5,4 millions de personnes en sous-emploi réel avec un chômage des jeunes à 16,6 % (vs 7,2 % en Allemagne), un taux d'emploi des 60–64 ans à 35 % seulement. Le marché du travail reste figé, cloisonné et sous-performant.

Données générales et population

- Population active totale (2024) : ~31,9 millions

- - Actifs occupés : 29,6 millions

- - Chômeurs : ~2,3 millions (7,5 %)

- - Inactifs en âge de travailler : ~30 % (~12 millions)

- Temps partiel : 4,2 millions de salariés (17,4 %)

- - Femmes à temps partiel : 26,6 %, Hommes : 7,8 %

- Retraités ayant une activité : ~500 000 (3 % des retraités)

- Cumul emploi-retraite autorisé selon conditions de cotisation

Emploi, chômage, inactivité

- Chômage jeunes (15-24 ans) : ~17 %
- Chômage de longue durée : >900 000 personnes
- Durée moyenne au chômage : >11 mois
- Emplois non pourvus (non-recours) : 36 %
- Part des emplois publics : ~5,7 millions ; Privé : ~20,7 millions

Salaire net, salaire brut, coût employeur : la triple opacité du système

Le deuxième déséquilibre majeur concerne la perception du revenu du travail. En France, le salarié, l'employeur et l'État vivent chacun dans une réalité comptable différente. Cette situation alimente la confusion, la méfiance et l'incompréhension mutuelle.

Prenons un exemple concret : un salarié rémunéré au SMIC brut mensuel (1 766 € en 2024). Il perçoit un salaire net autour de 1 398 €, soit une perte apparente de 368 € pour des cotisations salariales. Mais ce n'est qu'une partie de l'histoire.

Salaires et pauvreté

- Salaire médian brut : ~2 500 €/mois (~1 950 € net)
- Salaire moyen brut : ~2 988 €/mois (~2 238 € net)
- SMIC net : 1 425 € ; Seuil de pauvreté : 1 170 € net/mois (60% du salaire médian)
- Écart brut/net en moyenne : >45 % de prélèvements invisibles

L'employeur, lui, débourse en réalité environ 2 231 € pour ce même poste. Cela inclut le brut + les charges patronales, même si elles sont partiellement allégées par le dispositif "réduction Fillon" sur les bas salaires. Finalement, le salarié touche 1 398 €, mais coûte 2 231 €. C'est 833 € d'écart invisible, soit près de 60 % du salaire net.

Durée du travail, absentéisme, grève

- Durée légale : 35h/semaine ; Durée effective : 36,1h/semaine

- Nombre moyen de jours travaillés par an : ~205

- Absentéisme : 27,4 % des salariés (6,5 à 7 millions), moyenne : 23,7 jours/an

- Grèves : 114 jours/an pour 1 000 salariés (France 1er rang européen)

- Heures supplémentaires autorisées : 220h/an par salarié

- - Total estimé d'heures supplémentaires annuelles : plusieurs centaines de millions

- Équivalent temps plein mobilisé par les heures supplémentaires : ~620 000 ETP

Ce fossé entraîne plusieurs conséquences :

Le salarié ne comprend pas où part l'effort de l'employeur. L'employeur, surtout en TPE/PME, est découragé d'embaucher. Même au SMIC, la charge est lourde. Et en cas d'absences, d'arrêt maladie, ou de rupture de contrat, le coût reste élevé malgré la faiblesse du salaire versé.

L'État entretient un brouillard volontaire, en empilant cotisations, exonérations, taux réduits, allègements spécifiques… La fiche de paie devient illisible. La distinction entre "droits contributifs" et "solidarité" disparaît.

La réduction Fillon, créée pour alléger ce poids, est devenue une trappe à bas salaires : elle encourage à ne pas augmenter les rémunérations, car toute hausse réduit l'exonération. C'est un dispositif contre-productif, qui maintient artificiellement les bas salaires et désincite à la progression.

Cette triple opacité a un effet systémique : elle empêche toute pédagogie du travail. Personne ne sait exactement ce qu'il coûte, ce qu'il touche, ce qu'il finance. Et cette opacité nourrit un discours de défiance généralisée, tant chez les salariés que chez les employeurs. Un modèle contributif efficace exige au contraire de la clarté, de la lisibilité et de la cohérence. Si le coût du travail est trop élevé, il faut le baisser. Mais surtout, il faut rendre chaque euro visible, chaque cotisation compréhensible, chaque droit traçable.

Arrêts maladie, accidents du travail, subrogation : des dérives coûteuses

Le troisième déséquilibre structurel du système français du travail concerne la gestion des absences, en particulier les arrêts maladie, les accidents du travail (AT) et le principe de subrogation. Ces dispositifs, conçus à l'origine pour protéger le salarié en cas de problème de santé réel, sont devenus des zones grises à haut potentiel d'abus, coûteuses pour les entreprises et démobilisantes pour ceux qui travaillent.

Charges sociales et fiscalité du travail

- Charges totales (salarié + employeur) : > 62 % du salaire net

- Prélèvements obligatoires : 45,4 % du PIB (France 1er en UE)

- Coût horaire du travail : 39,8 EUR/h (France) vs 32,3 EUR (zone euro)

- Indemnités journalières maladie (IJSS) : 20,3 Mds EUR (dont 11,6 pour maladie)

- Aides sociales non contributives : >90 Mds EUR/an

1. L'explosion des arrêts maladie

Le coût direct des arrêts maladie en France a dépassé 16 milliards d'euros par an, financés par la Sécurité sociale, donc par les cotisations de ceux qui travaillent. Ce montant n'intègre pas le coût indirect pour les employeurs : désorganisation des équipes, remplacement temporaire, perte de productivité.

La progression est particulièrement marquée dans les arrêts de courte durée répétés et les longues durées pour troubles non objectivables (burn-out, douleurs diffuses...). Dans certaines branches, les taux d'absentéisme dépassent 10 % de l'effectif salarié à l'année.

2. La reconnaissance automatique des accidents du travail (AT)

Un problème spécifique concerne les accidents du travail, souvent reconnus automatiquement par la CPAM dans un délai de 10 jours, même lorsque l'employeur apporte des preuves de l'absence de lien professionnel. Dans les faits, l'entreprise est présumée coupable et sanctionnée financièrement sans réelle possibilité de recours à effet suspensif. Or, les AT font grimper la cotisation patronale spécifique (taux AT/MP), ce qui pèse sur les charges.

Cette absence de contradictoire, contraire au bon sens juridique, fragilise les employeurs honnêtes et alimente un comportement opportuniste dans certains cas.

3. La subrogation : une double peine pour l'entreprise

Le principe de subrogation impose à l'entreprise de continuer à verser le salaire pendant l'arrêt maladie, puis de récupérer les indemnités journalières (IJSS) versées par la Sécurité sociale. En théorie, cela simplifie les choses. En pratique, si le salarié oublie ou tarde à transmettre les justificatifs à la CPAM, l'entreprise ne perçoit rien, mais doit continuer à payer. Cette situation entraîne chaque année des pertes de plusieurs centaines de millions d'euros pour les TPE/PME, qui n'ont ni les moyens juridiques ni la trésorerie pour faire face à ces décalages.

Le modèle français du travail est opaque, coûteux, dissuasif et injuste. Il pénalise ceux qui contribuent, entretient des trappes à inactivité, et freine la croissance salariale comme entrepreneuriale. Réformer n'est plus un choix, c'est une nécessité nationale. Dans la prochaine section, nous allons pouvoir analyser les blocs entre eux, par exemple, les incidences que peuvent avoir des décisions sociales sur le travail et sa rémunération

Retraites et cotisations

- Nombre de retraités : ~17 millions ; dont réversion seule : ~1,7 million

- Cotisants actifs : ~27,5 millions ; Ratio cotisants/retraités : ~1,7

- Mention à ajouter sur fiche de paie : « Cette année vous a rapporté X EUR pour votre retraite » pour rendre lisible la retraite future estimée sur la fiche de paie

Entreprises et structure productive

- Nombre total d'entreprises : 4,9 millions

- - Micro (<10 salariés) : 96,3 % ; PME : 3,5 % ; ETI/GE : 0,1 %

- Taux de survie à 5 ans : ~50 %

- Créations en 2024 : 1 111 238 ; Défaillances : 67 830

- Freins à la croissance : seuils sociaux à 10, 20, 50 salariés

- Durée moyenne procédure prud'homale : 14 à 24 mois

- Complexité administrative : URSSAF, DSN, bulletins, statuts

Syndicats et représentation du personnel

- Taux de syndicalisation moyen : ~10 % (privé : 8 %, public : 18 %)

- Nombre de salariés syndiqués : ~2,96 millions

- Présence syndicale dans 10,5 % des entreprises, couvrant 56 % des salariés

- Heures de délégation annuelles estimées : ~12 millions d'heures

- Équivalent temps plein mobilisé par les heures de délégation : ~7 500 ETP

Revenus des dirigeants d'entreprise

- Microentreprises (<10 salariés) : 3 000-4 000 EUR brut / 2 200-2 900 EUR net

- Petites entreprises (10-49) : 5 000-6 700 EUR brut / 3 600-4 700 EUR net

- Moyennes entreprises (50-249) : 7 500-10 000 EUR brut / 5 400-7 000 EUR net

- Grandes entreprises (250) : 12 500-20 800 EUR brut / 8 900-14 500 EUR net

- Cotisations sociales : TNS ~45-55 %, assimilé salarié ~65 %

- Complexité administrative : URSSAF, DSN, bulletins, statuts

B – Diagnostic croisé stratégique

Comprendre la crise du modèle travail/entreprise en France ne peut se limiter à des données isolées ou à des constats sectoriels. Il faut croiser les angles d'analyse, confronter les mécanismes économiques aux comportements sociaux, les logiques administratives aux réalités de terrain, et les décisions politiques à leurs effets concrets.

C'est l'objectif de ce diagnostic croisé pour offrir une grille de lecture systémique, fondée sur des faits vécus, des données officielles et des constats opérationnels, pour faire émerger les dysfonctionnements profonds du modèle.

Ce diagnostic repose sur un principe simple mais puissant : si autant de dispositifs échouent, si autant d'entreprises stagnent, si autant de salariés décrochent, ce n'est pas le fruit du hasard. C'est le résultat d'une mécanique d'ensemble défaillante : complexité juridique, incitations inversées, effets de seuils absurdes, non-reconnaissance de l'effort, zones grises juridiques, institutions figées... Une analyse objective est faite en regroupant les thématiques en 7 blocs. Chacun révèle un nœud structurel du système français. Ce ne sont pas de simples anomalies, ce sont les reflets d'un modèle devenu incohérent, dans lequel les effets pervers l'emportent trop souvent sur l'efficacité.

1. Perte de repères entre travail, salaire et contribution

Le premier bloc de dysfonctionnement identifié dans le diagnostic croisé concerne un phénomène central : la rupture du lien entre travail, revenu et droit. En théorie, le système français repose sur un principe simple : on travaille, on cotise, on acquiert des droits. En pratique, ce lien est de plus en plus flou, voire absent.

a) Un salarié au SMIC peut gagner à peine plus qu'un inactif

L'exemple déjà évoqué dans les chiffres clés est éclairant : un salarié au SMIC, travaillant à temps plein, perçoit environ 1 398 € nets, alors qu'un ménage de trois enfants sans activité peut cumuler plus de 2 200 € d'aides sociales mensuelles. Dans certaines configurations, le retour à l'emploi entraîne une perte nette de pouvoir d'achat à court terme, du fait de la suppression partielle des APL, des allocations familiales, ou de la couverture santé gratuite.

b) Une désincitation massive à l'emploi

Le message implicite envoyé par le système est dangereux : travailler n'est pas toujours plus rentable que ne pas travailler. Cette distorsion crée des trappes à inactivité durables, en particulier dans les territoires pauvres, les foyers monoparentaux ou les métiers pénibles mal rémunérés.

c) Les droits ne sont plus perçus comme liés à la contribution

Cette rupture de repères n'est pas seulement économique. Elle est morale et symbolique. Le travail n'est plus le socle évident de la citoyenneté sociale. Les aides sont perçues comme des « droits automatiques », sans distinction entre contributeurs et non-contributeurs. Cela détruit la logique méritocratique du système républicain.

d) Le système crée une confusion massive chez les jeunes

Chez les jeunes, notamment issus des zones en difficulté, cette perte de repère s'installe dès l'entrée dans la vie active. Pourquoi se lever tôt, accepter des horaires décalés ou un travail pénible, pour gagner à peine plus qu'en restant à domicile ? Cette désaffiliation psychologique au travail nourrit le désengagement, l'absentéisme et les comportements d'évitement.

Myriam – Assistante familiale, 42 ans (Tarn-et-Garonne) « J'ai travaillé toute ma vie. Mais aujourd'hui, avec mon SMIC, je gagne moins que ma voisine qui est au RSA avec trois enfants. Et en plus, elle a droit à des aides que moi je ne peux pas avoir. Moi, je dois me débrouiller. Où est la logique ? »

2. Démotivation et non-reconnaissance de l'effort

Un second bloc de dysfonctionnement concerne un phénomène sociologique majeur : la démotivation progressive des salariés, liée à une absence de reconnaissance concrète de l'effort au sein du système actuel. Ce n'est pas la fatigue qui épuise, c'est l'invisibilité de l'engagement.

a) Des salariés assidus… oubliés par le système

Aujourd'hui, aucune prime, aucun avantage, aucun droit différencié n'est accordé à un salarié qui n'a jamais été en arrêt maladie, n'a jamais abusé du système, et a cumulé des années d'ancienneté avec rigueur. À l'inverse, les arrêts répétés ou les absences justifiées par des certificats parfois de complaisance n'empêchent pas l'accès à l'ancienneté, aux primes, aux promotions, voire à des avantages supplémentaires.

Résultat : la présence n'est pas valorisée, l'effort est invisibilisé, et le comportement vertueux devient un choix sans reconnaissance.

b) L'égalité de traitement remplace la justice

Le système se veut égalitaire mais devient injuste. Il traite de la même manière un salarié impliqué, fidèle et performant… et un salarié absent, démobilisé ou opportuniste. Cela alimente un ressentiment de fond dans les équipes, notamment dans les petites structures où chaque absence pèse doublement.

c) Une culture managériale bloquée par le droit

Même les employeurs qui souhaitent différencier, motiver, récompenser, sont bloqués par les règles du droit du travail. La prime d'assiduité est difficile à mettre en place, les critères doivent être objectifs, le risque de discrimination est toujours invoqué. Cela paralyse la reconnaissance de l'effort et pousse à verser des primes automatiques, déconnectées du mérite.

d) Le dialogue social ignore l'effort individuel

Dans la culture syndicale française dominante, l'effort individuel est souvent nié au profit de logiques collectives d'ancienneté ou de statut. Cette négation de la performance personnelle crée une démotivation profonde chez ceux qui s'investissent, mais qui ne peuvent pas progresser, faute de reconnaissance institutionnelle.

> Dany – Responsable d'équipe logistique, 50 ans (Moselle)
> « Dans mon équipe, il y a un gars qui n'a pas posé un seul arrêt depuis 7 ans. Rien. Il est là, il bosse, il forme les jeunes. Et au final, il touche la même chose que celui qui est absent tous les deux mois. On a même dû retirer la prime d'assiduité à cause des RH. C'est démoralisant. »

3. Comportements opportunistes et effets de seuil : quand le système pousse à contourner

Le troisième bloc du diagnostic croisé met en lumière une dérive comportementale induite par le système lui-même : les règles fiscales, sociales et juridiques actuelles incitent à contourner, à éviter, à adapter son comportement non pas à la performance, mais à la réglementation.

a) Des comportements d'optimisation à la limite de l'abus

Certains dispositifs (réduction Fillon, prime d'activité, trappes à bas salaires) ont, sans le vouloir, créé des zones de confort artificielles. Exemples :

- Des employeurs maintiennent volontairement les salaires justes sous les seuils d'exonération pour maximiser les allègements de charges, au détriment des augmentations.
- Des salariés refusent une promotion ou des heures supplémentaires pour ne pas perdre des aides sociales.
- Des contrats courts sont empilés pour éviter les obligations liées aux CDI ou aux effets de seuils internes (11, 20, 50 salariés…).

Ces comportements ne sont pas illégaux, mais ils témoignent d'un système mal conçu, qui décourage la montée en puissance.

b) Les effets de seuil tuent la croissance des PME

À partir de 50 salariés, une entreprise subit une cascade d'obligations supplémentaires : comité social et économique (CSE), règlement intérieur, participation obligatoire aux bénéfices, BDES, obligations handicap, etc. Résultat : de nombreuses entreprises plafonnent volontairement leur effectif à 49. L'ambition est étouffée par la charge administrative.

Les données de l'INSEE confirment ce biais : la France compte 10 fois plus d'entreprises de 49 salariés que de 51, preuve d'un effet de seuil massif. Ce n'est pas la stratégie qui freine la croissance : c'est la loi.

c) L'arbitrage entre droit et effort fausse les règles du jeu

Quand le système permet de gagner plus en évitant le travail ou en exploitant une faille réglementaire, il pousse logiquement les individus à faire ce choix rationnel. Mais ce qui est rationnel à l'échelle individuelle devient toxique collectivement. C'est ainsi que la France est devenue un pays où l'on consacre plus d'efforts à contourner la norme qu'à créer de la valeur.

Pierre – Dirigeant d'une PME de 48 salariés (Vendée)
« Je refuse d'embaucher deux personnes de plus. Je sais que ça va me faire basculer dans une autre catégorie avec plus de paperasse, plus de contraintes. On m'a même conseillé de créer une autre entité pour contourner. C'est absurde mais je comprends ceux qui le font. »

4. Abus structurels du système : tolérance zéro contre la déresponsabilisation

Certains dysfonctionnements du monde du travail ne relèvent pas d'exceptions ou de cas isolés : ils sont devenus des pratiques récurrentes, tolérées, parfois encouragées par le système lui-même. On ne parle plus d'abus marginaux, mais d'abus structurels.

a) Les arrêts maladie de convenance

De nombreux professionnels de terrain (DRH, chefs de service, dirigeants de PME...) témoignent de la banalisation des arrêts de complaisance, souvent accordés sans diagnostic approfondi. Ces arrêts sont parfois stratégiques : pour éviter une procédure disciplinaire, pour s'absenter pendant une période inconfortable, ou même pour allonger artificiellement une période de préavis ou de congé.

Ces pratiques désorganisent les équipes, pénalisent les salariés présents, et coûtent des milliards à la collectivité. Le système de contrôle, notamment par la CPAM, est quasiment inopérant.

b) Les accidents du travail validés sans preuve

Comme évoqué précédemment, un accident du travail est automatiquement reconnu sous 10 jours, même si l'employeur apporte des éléments factuels contraires. Cette logique de présomption irréfragable de culpabilité aboutit à une augmentation injuste des cotisations AT/MP. Le salarié est protégé sans enquête, l'entreprise est sanctionnée sans débat contradictoire.

Le principe est renversé : c'est l'employeur qui doit prouver son innocence, sans recours suspensif. C'est une faille majeure du droit.

c) La subrogation détournée contre l'entreprise

Le système de subrogation, qui oblige l'employeur à verser le salaire pendant l'arrêt, devient un piège financier lorsque le salarié ne transmet pas ses documents. Aucune sanction ne s'applique au salarié fautif, mais l'entreprise perd les indemnités journalières. Résultat : des dizaines de millions d'euros de pertes chaque année, en particulier pour les TPE/PME.

d) Le versement de primes pendant les absences

Dans de nombreuses conventions collectives, les primes sont versées même pendant les arrêts de travail, y compris les primes liées à la performance, à la présence ou aux objectifs. Ce non-sens économique crée une situation absurde : on est parfois mieux payé en arrêt que présent. Cela nourrit un ressentiment profond chez les salariés impliqués.

> Roseline – DRH dans le secteur médico-social, 56 ans (Haute-Garonne)
> « On reçoit parfois des arrêts pour 'syndrome anxio-dépressif' juste avant un week-end prolongé. Aucun moyen de contester. Même quand on a un doute, la CPAM valide sans broncher. Et nous, on paye, on réorganise, on subit. »

5. Risque d'inversion des repères sociaux : quand l'effort devient l'exception

L'un des diagnostics les plus graves est la désorientation collective provoquée par le système actuel. Les repères traditionnels du mérite, de l'effort, de la progression par le travail sont en train de s'inverser. Et cette inversion n'est pas un accident : c'est la conséquence directe de règles inadaptées.

a) Des comportements vertueux marginalisés

Travailler à temps plein, rester fidèle à une entreprise, ne jamais abuser du système, progresser lentement mais sûrement… Ces comportements étaient autrefois la norme. Ils sont aujourd'hui marginalisés, parfois moqués, rarement récompensés.

Pourquoi un salarié s'engagerait-il à long terme dans une entreprise si les primes sont versées aux absents, les avantages décorrélés de l'investissement, et la mobilité professionnelle bloquée par les rigidités statutaires ?

b) L'exemplarité n'est plus valorisée

Dans de nombreux cas, le salarié le plus exemplaire perçoit moins qu'un salarié plus instable, mais mieux assisté. Cette situation crée un ressentiment diffus, surtout dans les classes moyennes : ceux qui cotisent, qui respectent les règles, qui avancent sans bruit sont les grands oubliés du système.

Cette inversion n'est pas seulement économique. Elle est morale. Et une société où l'effort ne paie plus est une société qui se délite.

c) L'État entretient l'inversion sans le vouloir

L'empilement des aides automatiques, des droits inconditionnels et des dispositifs sociaux sans contrepartie contribue à effacer le lien entre effort et récompense. L'absence de conditionnalité alimente une culture de la rente sociale, vécue comme un « droit acquis » au même titre que le fruit du travail.

d) Les jeunes intègrent cette logique dès l'entrée dans la vie active

Cette inversion des repères se transmet. Une partie de la jeunesse, confrontée à un marché du travail peu accueillant et à des aides plus accessibles que l'emploi, intègre dès le départ que l'effort ne garantit rien. Cela produit une génération désabusée, et parfois cynique, face à la notion même de travail.

> Ahmed – Conseiller d'orientation, 38 ans (Seine-Saint-Denis)
> « Quand je demande à certains jeunes ce qu'ils veulent faire plus tard, ils me répondent : « Pourquoi je bosserais ? Mon frère touche plus que mon père en travaillant. » C'est dur d'expliquer l'intérêt du travail quand le système te montre l'inverse. »

6. Contradictions administratives et fiscales : un système incohérent qui étouffe les acteurs

L'un des diagnostics les plus frappants du croisement des blocs est celui des incohérences internes du système français. À force d'empiler les dispositifs, les seuils, les exceptions, les exonérations et les règles mal coordonnées, l'État a fini par créer un millefeuille illisible où personne ne comprend plus ce qu'il finance, ni pourquoi.

a) Les aides annulent l'impôt

De nombreux ménages reçoivent d'une main (APL, prime d'activité, exonérations de mutuelle, allocations...), ce qu'ils n'auraient jamais payé en impôt. La logique redistributive est poussée jusqu'à l'absurde : on verse des prestations à des foyers qui ne contribuent en rien au financement collectif. Ce n'est plus de la solidarité, c'est de la contradiction budgétaire.

b) Les exonérations neutralisent les cotisations

Le système d'allègements de charges (Fillon, ZRR Zone de Revalorisation Rurale, JEI Jeune Entreprise Innovante...) réduit tellement les cotisations sociales patronales que le financement réel de la protection sociale repose de plus en plus sur une minorité de hauts salaires. Cela crée une situation de triple déséquilibre : fiscal, contributif, et moral. Ceux qui paient beaucoup n'utilisent pas, et ceux qui utilisent ne paient pas.

c) Le Code du travail et le Code général des impôts se contredisent

Dans certains cas, les règles sociales incitent à l'embauche... tandis que les règles fiscales la pénalisent. Par exemple, l'embauche d'un salarié peut faire basculer une entreprise dans une autre catégorie fiscale ou entraîner une obligation déclarative supplémentaire (CFE, CET, etc.). Le droit fiscal neutralise parfois les bénéfices du droit social.

d) L'administration multiplie les obligations non coordonnées

Un chef d'entreprise de 10 salariés doit jongler avec l'URSSAF, la DGFIP, la CPAM, la caisse de retraite complémentaire, le centre de formation, la médecine du travail, les OPCO, la DREETS... Chacun a ses propres règles, ses délais, ses sanctions et aucune cohérence d'ensemble.

Résultat : les entreprises consacrent plus de temps à se protéger juridiquement qu'à innover ou à recruter. Le coût administratif devient un impôt caché, injustifié et contre-productif.

Bryan – Chef d'entreprise unipersonnelle, 35 ans (Marne)
« Je travaille 60 heures par semaine, je me verse à peine 1 200 € par mois et je n'ai droit au chômage, ni retraite digne, ni congés payés. En cas de coup dur, je suis seule. Et pourtant, c'est moi qui crée l'activité. Franchement, parfois je me demande pourquoi je continue. »

7. Immobilisme institutionnel : un État social figé, incapable de se réformer lui-même

Le dernier bloc du diagnostic croisé met en lumière la paralysie structurelle de l'appareil institutionnel chargé de piloter le travail, l'emploi, la formation, les cotisations sociales et les droits. La France est l'un des pays qui consacre le plus de dépenses publiques à ces domaines… pour les résultats parmi les plus faibles d'Europe.

a) Des ministères cloisonnés, des dispositifs concurrents

La politique de l'emploi, de la formation, de la protection sociale est éclatée entre plusieurs ministères, agences, caisses et opérateurs. Chacun dispose de ses priorités, de ses fonds, de ses référentiels, sans coordination réelle. Résultat : des dispositifs qui se chevauchent, se contredisent, ou s'annulent.

Exemple : le CPF coexiste avec les plans de formation, les OPCO, les aides à la reconversion, sans lien avec les besoins des entreprises ni avec les politiques territoriales. Le millefeuille institutionnel nourrit la complexité et dilue la responsabilité.

b) Une incapacité à évaluer les dispositifs en place

Très peu de politiques publiques liées au travail sont sérieusement évaluées sur leur efficacité réelle. Combien de bénéficiaires du CPF ont retrouvé un emploi ? Quel impact du CICE sur l'embauche pérenne ? Combien d'aides à l'apprentissage ont abouti à une insertion stable ?

Le manque d'indicateurs clairs permet le maintien de dispositifs inefficaces pour des raisons politiques ou syndicales.

c) Des corps intermédiaires en situation de blocage permanent

Syndicats, ordres, caisses, agences parapubliques, observatoires, comités théoriquement consultatifs mais en réalité verrouillés… le système est incapable de bouger car chaque réforme est capturée par un acteur qui en vit. La grève est devenue un moyen de négociation systématique, même dans les services essentiels financés par l'impôt.

d) Une administration du travail sous-adaptée à l'économie réelle

Les règles applicables sont pensées pour les grandes structures, mais s'appliquent indistinctement aux TPE. Les inspecteurs du travail appliquent des normes rigides sans marge d'adaptation. L'État agit souvent comme un contrôleur, jamais comme un facilitateur.

Ce diagnostic croisé révèle une vérité que les chiffres seuls ne suffisent pas à dire : le modèle français du travail est en crise structurelle, alimentée par une accumulation de dérives, d'incohérences et de résistances. Il ne s'agit pas d'un dysfonctionnement temporaire ou d'un simple ajustement à faire. Il s'agit d'un système devenu incohérent dans ses fondements, désincitatif dans ses règles, et injuste dans ses effets :

- Le travail ne paie plus suffisamment,
- L'effort n'est pas reconnu,
- L'abus est plus rentable que la présence,
- Les entreprises peuvent être pénalisées en embauchant,
- Les jeunes n'adhèrent plus à un modèle opaque,
- Les institutions ne se réforment pas.

Ce n'est donc pas un problème de financement. Ce n'est pas un problème de volonté individuelle. C'est un problème de structure, de logique, de lisibilité et de responsabilité.

Face à cette réalité, l'immobilisme est un choix politique. Et c'est un choix coûteux : économiquement, socialement, moralement. Refuser de voir les blocages, c'est condamner la France à rester dans une spirale de stagnation, d'exclusion et de décrochage.

Le programme que je propose repose sur une idée simple mais forte : le travail doit redevenir central, valorisé, différenciant. Et pour cela, il faut changer les règles, pas seulement les discours.

Yann – Directeur d'association d'insertion, 57 ans (Aude)
« On me demande d'embaucher des personnes très éloignées de l'emploi, mais avec quels moyens ? Si je fais bosser quelqu'un 20h par semaine, il perd des aides et finit avec moins que sans rien faire. C'est le système qui est absurde, pas les gens. »

Ce diagnostic présente une vision élargie. Le diagnostic doit s'étoffer et nécessite que l'on regarde plus précisément ce qui doit être renforcer, ce qui doit être modifié en priorité, les opportunités à ne surtout pas laisser passer. Cette complétude de diagnostic s'appelle le SWOT.

C – Les forces, faiblesses, opportunités et menaces

Pourquoi une lecture SWOT du modèle travail/entreprise est nécessaire ?

Si l'on veut réformer sérieusement le modèle français du travail, il ne suffit pas de lister les problèmes. Il faut adopter une grille d'analyse stratégique permettant de prendre du recul, de hiérarchiser les leviers et d'identifier ce qu'il faut préserver, ce qu'il faut corriger, ce qu'il faut activer et ce qu'il faut prévenir.

C'est tout l'intérêt d'une lecture SWOT : elle permet de structurer un diagnostic complet en croisant forces, faiblesses, opportunités et menaces, selon une logique d'analyse stratégique opérationnelle. Cette méthode, utilisée dans les entreprises, les administrations et les stratégies publiques, permet de prendre des décisions fondées sur une vision lucide et non sur des postures idéologiques.

Le diagnostic met en évidence que la France dispose encore d'atouts solides : une main-d'œuvre qualifiée, une protection sociale robuste, un tissu de PME dense, une productivité horaire élevée. Ces forces doivent être protégées, non sacrifiées. Mais il montre aussi que ces forces sont menacées par des faiblesses internes durables : un coût du travail écrasant, une complexité paralysante, un droit rigide, une désincitation massive à l'effort.

En parallèle, la France pourrait saisir plusieurs opportunités structurelles : relocalisation industrielle, transition verte, réforme du temps de travail, simplification des droits sociaux. Mais ces ouvertures ne seront profitables que si les menaces systémiques sont anticipées : vieillissement, démotivation des actifs, fuite des talents, explosion des arrêts maladie, paralysie syndicale et contentieuse.

Forces – Un socle encore solide, à condition de le protéger

Social & Juridique

- Cadre juridique protecteur : CDI dominant, Code du travail, prudhommes accessibles

- Couverture sociale complète (sante, maternité, chômage, retraite)

- Droit à la déconnexion et congés payés

- Dialogue social institutionnalisé (CSE, syndicats reconnus)

- Indemnisation chômage + reclassement partiel (CSP, formation)

Economique & Entrepreneurial

- Tissu entrepreneurial dense : + 4M d'entreprises (90 % = TPE/PME)

- Diversité des statuts juridiques (SARL, SAS, EI...) et fiscaux (microentreprise, autoentreprise)

- Soutiens publics variés : BPI, crédits d'impôt, aides régionales

- Accès facilité au crédit par les mécanismes publics (BPI, prêts garantis)

Formation & Insertion

- CPF généralisé y compris en reconversion

- Ecosystèmes de formation professionnelle et alternance reconnus

- Plateformes publiques d'intermédiation actives (France Travail, Mon Compte Formation)

- Dynamisme sectoriel QVT et intégration juridique du télétravail post-Covid

Le modèle français du travail repose encore sur plusieurs atouts structurels puissants, trop souvent ignorés ou mal exploités. Ces éléments constituent un socle de stabilité qui, bien que fragilisé, peut servir de fondation à une transformation ambitieuse s'il est préservé avec discernement et remodelé.

Le premier atout, incontestable, est la qualification globale de la main-d'œuvre. Grâce à un système éducatif encore solide dans ses filières techniques, à des écoles d'ingénieurs de qualité et à une tradition de savoir-faire dans certains secteurs industriels ou artisanaux, la France dispose d'un réservoir de compétences mobilisables. Cette force est amplifiée par une bonne adaptation de certains métiers aux nouvelles technologies, notamment dans les services, l'ingénierie ou la logistique.

Autre force majeure : la protection sociale. Malgré ses dérives financières et sa complexité, le modèle français garantit encore aux actifs une couverture santé, chômage et retraite parmi les plus étendues du monde. Ce filet de sécurité peut être un levier de dynamisme à condition d'être recentré sur les contributeurs, simplifié, et non perçu comme une alternative permanente au travail.

La productivité horaire reste également un point fort français. À durée de travail égale, la France produit plus que beaucoup de ses voisins, grâce à un bon niveau d'équipement, une organisation relativement structurée dans les grands groupes, et des mécanismes d'efficacité bien implantés dans certains secteurs.

On peut également citer la densité de notre tissu de PME, réparties sur l'ensemble du territoire. Cette capillarité est une force en termes de résilience économique, d'ancrage local et de maintien de l'emploi non délocalisable, à condition de les libérer des blocages réglementaires et des effets de seuils.

Enfin, on ne peut ignorer l'élan entrepreneurial croissant en France. Le nombre de créations d'entreprises atteint des records, porté par le numérique, l'artisanat, les services à la personne ou les activités indépendantes. Ce dynamisme démontre que l'envie d'entreprendre existe toujours, malgré les contraintes systémiques. Il est un signal fort de vitalité, mais qui reste fragile sans protection sociale digne de ce nom pour les indépendants.

En résumé, le modèle français n'est pas mort. Il est même performant sur certains aspects. Mais ces forces sont sous tension. Elles ne produiront d'effet positif que si la réforme leur donne de l'oxygène :

moins de charges, plus de visibilité, et un retour à la logique d'effort/récompense. Il ne faut pas reconstruire sur ruines, il faut reconstruire à partir de ce qui tient encore debout.

Faiblesses – Un système devenu illisible, dissuasif et démobilisateur

Organisation & Règlementation

- Code du travail illisible pour les TPE/PME (3800+ articles + jurisprudence)

- Rigidité des contrats (embauche, rupture, modulation)

- Poids du droit administratif dans la gestion RH quotidienne

Economie & Charges

- Charges sociales patronales > 40 %, cout du travail élevé

- Effet de seuil décourageant l'embauche (10/50 salaries)

- Multiplication des fiscalités (locale, nationale, URSSAF)

Social & Structurel

- Absentéisme élevé (>19 j/an/salarié), arrêts longs fréquents

- Clivage public/privé, inégalités de statut

- Emploi des jeunes précaire, seniors peu insérés

- Peu de mobilité interne/intersectorielle

Lisibilité & Formation

- Bulletin de paie complexe (>25 lignes incompréhensibles)

- Décalage offre de formation / besoins économiques

- Faible taux de chefs d'entreprises formés à la gestion RH

Si la France conserve des forces notables dans son modèle de travail, elle cumule aussi des faiblesses internes profondes, structurelles et désormais massivement reconnues. Ces faiblesses ne sont pas des défauts marginaux : elles minent la compétitivité, démoralisent les actifs et freinent tout progrès collectif.

La première faiblesse est le coût du travail excessif, en particulier sur les bas et moyens salaires. Même avec les exonérations (Fillon, ZRR...), la charge reste lourde et incite les employeurs à sous-payer ou à contourner les embauches (intérim, auto-entrepreneuriat déguisé). Le SMIC chargé reste dissuasif dans les secteurs à faible marge, ce qui pénalise la création d'emplois qualifiants. Cette situation entretient une précarité structurelle.

Deuxième point noir : la complexité administrative du droit social. Le Code du travail est un millefeuille de normes, d'exceptions, de jurisprudences mouvantes. La lisibilité est nulle. L'incertitude est permanente. Cette instabilité empêche les entreprises de planifier, et les salariés de comprendre leurs droits. Il en résulte un sentiment d'arbitraire et de défiance généralisée.

Troisième faiblesse : la rigidité des statuts. Le CDI reste le graal social, mais il est devenu un carcan pour l'employeur. À l'inverse, les autres statuts (CDD, intérim, indépendant) offrent peu de garanties au salarié. Le système manque d'un contrat central moderne, progressif, lisible, qui permette de construire des parcours sans insécurité ni privilèges figés. Le temps partiel subi, mal réparti, et les horaires décalés désynchronisés du reste de la société sont aussi un facteur de désorganisation sociale. Beaucoup de salariés cumulent plusieurs emplois précaires, sans perspectives ni stabilité, ce qui détériore la qualité de vie et la performance globale.

Autre faille majeure : la déconnexion entre effort fourni et droits ouverts. Les arrêts maladie abusifs, les primes perçues en absence, les droits sociaux automatiques sans contrepartie créent un sentiment de ras-le-bol chez les cotisants. Le système envoie un signal dangereux : il n'est pas plus rentable de travailler que de ne pas travailler.

Enfin, la formation professionnelle reste opaque, éclatée, inefficace. Le CPF a dévoyé la logique de montée en compétences en la transformant en marché dérégulé. Les dispositifs sont nombreux, mais mal ciblés, mal évalués, et souvent sans lien avec les besoins du terrain.

En somme, le système français du travail est devenu dissuasif pour ceux qui créent, travaillent ou forment. Il n'est pas injuste par accident, il est structurellement déséquilibré. Et tant que ces faiblesses ne seront pas corrigées en profondeur, les meilleures intentions politiques resteront inefficaces.

Opportunités – Des leviers majeurs pour refonder un modèle du travail compétitif et juste

Numérique & Organisation

- Digitalisation RH (contrats, paie, recrutement)
- Automatisation administrative par IA
- Plateformes d'intermédiation + portabilité des droits
- Mutualisation RH pour TPE via coopératives ou portage

Evolution du travail & société

- Montée de la RSE et de la recherche de sens au travail
- Revalorisation métiers manuels/essentiels post-Covid
- Spécialisation PME vers le haut de gamme industriel
- Reformes possibles du temps de travail et des seuils

Formation & Territoires

- Reconversion via CPF, transition pro
- Tensions de recrutement dans BTP, transport, santé
- Développement de tiers-lieux et coworking ruraux
- Croissance de l'économie verte et collaborative

La France ne manque pas d'opportunités pour transformer son modèle de travail. Le moment est même stratégique : plusieurs fenêtres d'action sont ouvertes, mais elles supposent une vision claire, une volonté ferme et une rupture assumée avec les logiques du passé.

Première opportunité : la relocalisation industrielle et le besoin de souveraineté économique. La crise des chaînes d'approvisionnement, les tensions géopolitiques et les nouvelles exigences environnementales rendent stratégiques les relocalisations productives. À condition de baisser le coût du travail et de simplifier les embauches, la France peut redevenir attractive pour produire sur son sol. C'est aussi une réponse sociale : ancrer l'emploi dans les territoires abandonnés.

Deuxième levier : la réforme du temps de travail via un CET-NG, Compte Epargne Temps Nouvelle Génération. En combinant une semaine de 40h avec un compte épargne-temps structuré, la France peut libérer du temps pour la reconversion, la formation, le congé sabbatique ou le repos choisi, tout en créant massivement des emplois et en rééquilibrant les comptes sociaux. Cette mesure valorise le travail sans l'épuiser, et restaure une souplesse vertueuse.

Troisième opportunité : la révolution numérique et technologique. Si elle est accompagnée, elle peut permettre de désengorger les tâches administratives, de fluidifier le travail hybride, et de réconcilier productivité et qualité de vie. Cela suppose de sécuriser les indépendants, d'encadrer les plateformes, mais aussi de numériser intelligemment l'État social (fiches de paie lisibles, droits portables, cotisations personnalisées…).

Autre levier décisif : la réforme du contrat de travail. La création d'un contrat à droits progressifs, d'un socle contributif avec options modulables, ou encore d'un statut lisible pour les transitions professionnelles permettrait de fluidifier les parcours, sécuriser les entreprises et récompenser la fidélité.

La transition écologique est également une opportunité à condition d'anticiper les besoins en qualification et en reconversion. La France peut faire émerger des centaines de milliers d'emplois durables dans les énergies, l'agriculture, le bâtiment, la réparation ou l'économie circulaire, encore faut-il sortir d'une logique punitive et construire un écosystème d'accompagnement concret.

Enfin, le rejet croissant du système actuel (chez les jeunes, les dirigeants, les salariés de terrain) est aussi un signal fort. Le pays est prêt à changer. Ce n'est pas l'utopie qui manque, c'est la clarté du cap. C'est pourquoi une réforme lucide, lisible et stratégique, fondée sur la récompense de l'effort et la simplification, peut rassembler très largement.

En résumé, la France a le choix : subir ou transformer. Les leviers existent, il ne s'agit pas de tout inventer, mais de tout reconnecter : travail, contribution, équité, efficacité, liberté. Les idées qui suivent dans les prochains chapitres sont précisément conçues pour activer ces opportunités, sans céder aux compromis stériles.

Menaces – Un risque de décrochage irréversible si l'immobilisme l'emporte

Blocages & Règlementaire

- Rigidité règlementaire = frein majeur pour TPE/PME

- Surenchère légale : reporting ESG (environnement, sociaux et gouvernance), égalité, RGPD...

- Explosion des obligations URSSAF, effet de seuil

- Instabilité juridique : freins à la carrière et à la croissance

Social & Emploi

- Chômage structurel élevé (>7 % sur 20 ans)

- Dualité marche travail : insiders protégés / outsiders précaires

- Difficulté d'intégration des publics éloignés (jeunes, migrants, handicap)

- Multiplication des arrêts longs, RPS (risques psychosociaux), désengagement

Fiscalité & Compétitivité

- Fuite des talents et entrepreneurs vers modèles plus souples

- Fiscalité du capital peu incitative (ex : SARL familiale)

- Explosion charges fixes : loyers, énergie, URSSAF

- Risque de dépendance à l'aide publique

Le système français du travail est à la croisée des chemins. Si les réformes nécessaires ne sont pas engagées rapidement, les fragilités actuelles se transformeront en facteurs de décrochage durable. Les menaces identifiées ne sont ni théoriques, ni lointaines : elles sont concrètes, imminentes, et déjà visibles dans plusieurs indicateurs.

La première menace est celle d'un effondrement de la valeur travail dans la société. La banalisation des arrêts maladie, la faible attractivité des métiers essentiels, la déconnexion entre effort et revenu, ou encore la survalorisation de l'assistance désengagent une part croissante des citoyens. À terme, c'est la cohésion sociale elle-même qui vacille, car la contribution ne crée plus de droits différenciants.

Deuxième menace : la fuite des talents et des entreprises. De nombreux jeunes diplômés s'installent à l'étranger pour échapper à la fiscalité française, au poids des charges et à l'instabilité du droit. Des TPE renoncent à croître pour éviter les effets de seuil. Des indépendants se tournent vers d'autres statuts (Belgique, Estonie, Portugal…). La France devient une terre d'évitement pour l'emploi stable, ce qui affaiblit son tissu productif.

Troisième risque : l'explosion des coûts de non-travail. Si rien ne change, les arrêts maladie, les aides sociales, les régimes spéciaux et les dispositifs inefficients continueront à croître, creusant les déficits et renforçant le cycle pervers de la fiscalité punitive. Le travail, au lieu de financer la solidarité, sera étouffé par elle.

Autre danger : le blocage syndical et juridico-institutionnel. Chaque tentative de réforme du Code du travail, du temps de travail ou des cotisations est attaquée non sur son fond, mais par des minorités organisées. Le risque est celui d'un pays paralysé, où l'intérêt général est continuellement sacrifié aux postures idéologiques ou à la peur des conflits.

Cinquième menace : l'obsolescence juridique. Si le droit du travail continue à ignorer les nouveaux modes d'activité (plateformes, slashing (plusieurs vies professionnelles), télétravail, reconversion permanente), il deviendra inapplicable. Ce sera la fin de l'État social de droit, remplacé par des pratiques de contournement généralisé, avec inégalités croissantes à la clé.

Enfin, la perte de confiance des citoyens est une menace systémique. Quand on ne croit plus que le travail permet de vivre dignement, de progresser, de se former, ou de transmettre à ses enfants un meilleur destin, c'est le socle républicain qui s'effrite.

En résumé, si la réforme n'est pas engagée maintenant, le système ne s'effondrera pas d'un coup… mais il s'enlisera dans une dégradation irréversible. Et ceux qui peuvent s'en sortir le feront seuls, tandis que les autres resteront piégés dans un modèle obsolète, injuste et démotivant. La fenêtre stratégique est étroite, il faut l'utiliser, ou la France perdra définitivement son pacte social fondé sur le travail.

A y regarder de près, cette analyse fait apparaître une chose claire : la France n'est pas condamnée. Elle dispose encore d'atouts solides (qualification, productivité, filets sociaux, tissu de PME, capacité entrepreneuriale…) mais ces forces sont bridées par un système qui décourage, désincite et dissuade.

Les faiblesses internes sont massives : coût du travail, rigidité des statuts, illisibilité des règles, déconnexion entre droits et effort. Elles ne sont pas conjoncturelles, elles sont structurelles, parce qu'elles sont inscrites dans l'architecture même du droit du travail, du financement social et des mécanismes de redistribution. À l'inverse, les opportunités existent : relocalisation, réforme du temps de travail, numérisation des services sociaux, refonte du contrat de travail, transition verte productive. Mais elles demandent une décision politique forte, un alignement stratégique, et un courage collectif.

Le plus grand danger reste l'inaction. Les menaces sont déjà en mouvement : perte d'attractivité, fuite des talents, sur-administration, désengagement des jeunes, croissance des aides sans retour, grèves à répétition… Le modèle français du travail est à un point de bascule ; ce qui était une force devient une charge, ce qui protégeait devient ce qui bloque, ce qui motivait devient ce qui démoralise.

La suite s'appuie donc sur cette conviction : il ne faut pas faire des ajustements, mais une refondation. Une refondation qui parte du réel, du terrain, des chiffres, des comportements, des blocages vécus, et surtout, une refondation qui reconstruise un modèle fondé sur l'effort, la lisibilité, la justice contributive et la liberté contractuelle.

Une analyse SWOT se complète toujours par ce que l'on appelle un PESTEL qui a pour principe d'analyser 6 grands items Politique, Economique, Social, technologique, Environnemental et Légal.

D – Analyse PESTEL

Pourquoi une analyse PESTEL est, comme le SWOT, indispensable ?

Le modèle français du travail est en crise. Ce constat est désormais partagé, tant dans les entreprises que dans les administrations, dans les syndicats que chez les actifs eux-mêmes. Mais cette crise ne se limite pas à des déséquilibres internes ou à de mauvaises décisions politiques ponctuelles. Elle est structurelle, systémique et amplifiée par des forces extérieures que nul ne peut ignorer.

L'analyse SWOT a mis en évidence les faiblesses internes du système : un coût du travail dissuasif, une complexité paralysante, des statuts rigides, une déconnexion croissante entre effort et droit. Mais pour comprendre pourquoi ces faiblesses s'aggravent, pourquoi chaque réforme échoue ou se retourne contre elle-même, il faut regarder au-delà. Il faut analyser les facteurs politiques, économiques, sociaux, technologiques, écologiques et juridiques qui s'exercent aujourd'hui sur le monde du travail comme des forces de pression permanentes. C'est l'objet de l'analyse PESTEL. Ce cadre permet de cartographier les contraintes externes qui s'imposent aux employeurs, aux salariés et aux gouvernants, mais aussi d'identifier les leviers de transformation structurelle disponibles.

Sur le plan politique, la France est confrontée à une instabilité législative chronique, à un empilement de normes souvent contradictoires, et à un pouvoir syndical minoritaire mais bloquant. À cela s'ajoutent des influences européennes qui imposent des standards parfois inadaptés à notre tissu productif, comme le montre la récente réforme sur le devoir de vigilance ou les quotas sociaux.

Sur le plan économique, la France figure parmi les pays de l'OCDE au plus fort niveau de prélèvements obligatoires, avec une dépense publique massive, peu efficiente, et souvent mal ciblée. La question n'est pas de tout réduire, mais de réorienter l'effort collectif vers l'investissement productif et la création de valeur réelle.

Socialement, les tensions sont profondes, le travail ne fait plus consensus. Le sens du travail s'effondre, les jeunes actifs ne s'identifient plus aux logiques de carrière linéaire, et de plus en plus de citoyens perçoivent l'effort comme un pari risqué plutôt qu'un vecteur de progrès. Cette désaffiliation ne se traite pas par des primes ponctuelles, mais par une refondation du contrat social contributif.

Sur le plan technologique, la France n'est pas en retard d'innovation, mais en retard de diffusion. L'IA, l'automatisation, la désintermédiation remodèlent la nature même du travail, mais notre système juridique et social demeure figé dans des logiques du XXe siècle, souvent contre-productives pour accompagner les mutations.

L'enjeu écologique, quant à lui, impose une reconversion profonde de plusieurs secteurs d'activité (transport, construction, agriculture, industrie lourde), sans que les implications en matière de qualification, de pénibilité ou de reconversion des salariés ne soient réellement anticipées. Il y a urgence à bâtir un travail durable écologiquement, mais aussi humainement.

Enfin, sur le plan juridique, le Code du travail est devenu un labyrinthe. Il dissuade l'embauche, il favorise l'inefficacité contractuelle, et il produit des effets de seuil qui pénalisent la croissance des entreprises. À cela s'ajoute une jurisprudence instable et une multiplication des contentieux qui créent de la peur, pas de la confiance.

Ainsi, le PESTEL ne révèle pas simplement un contexte, mais un cadre de contrainte permanent dans lequel toute réforme doit s'inscrire. C'est aussi un outil de hiérarchisation stratégique : il montre ce qu'il est urgent de traiter, ce qu'il est possible d'anticiper, et ce qu'il serait dangereux d'ignorer. C'est à partir de cette analyse que nous devons désormais penser la transformation du travail et de l'entreprise en France, non pas par opportunisme, mais par nécessité historique.

P – Facteurs politiques : entre instabilité normative et blocages structurels

Le facteur politique est l'un des plus déterminants dans l'échec ou la réussite des politiques de l'emploi et du travail. Or, la France cumule plusieurs vulnérabilités majeures à ce niveau.

Tout d'abord, le pays souffre d'une instabilité législative chronique. Depuis 20 ans, les réformes s'accumulent, se superposent, se contredisent parfois. Chaque alternance politique modifie les règles de l'indemnisation chômage, les seuils sociaux, les contrats aidés ou les incitations fiscales. Cette instabilité nuit à la lisibilité du cadre, décourage les PME et rend la gestion sociale imprévisible. Les chefs d'entreprise, notamment les plus petits, ne peuvent pas piloter durablement dans un environnement mouvant et instable.

Deuxième facteur critique : le pouvoir de blocage des syndicats minoritaires. En France, des organisations syndicales représentant parfois moins de 10 % des salariés dans certaines branches peuvent paralyser des réformes, bloquer des entreprises ou s'opposer à des accords majoritaires. Cette situation est d'autant plus problématique que la légitimité syndicale repose souvent sur des rapports de force internes, et non sur un ancrage électoral solide. À l'inverse de modèles comme celui de l'Allemagne ou des pays nordiques, la concertation sociale en France fonctionne souvent selon une logique d'obstruction plus que de co-construction.

Troisièmement, le rôle des institutions européennes dans la politique sociale française est souvent sous-estimé. De nombreuses contraintes normatives (quotas, protection du temps partiel, égalité de traitement élargie, reporting RSE, etc.) sont issues de directives ou règlements communautaires. Cela réduit la capacité du législateur national à réformer librement. Une partie de la complexité administrative française trouve son origine dans cette couche normative européenne, mal digérée ou surtransposée par les administrations nationales.

À cela s'ajoute un millefeuille institutionnel national : État, URSSAF, Pôle emploi, DREETS, inspection du travail, CPAM, Carsat, CAF, etc. Chaque structure possède ses règles, ses fichiers, ses priorités. Cette dispersion rend l'action publique illisible, inefficace et parfois contradictoire. Elle crée aussi de multiples zones grises d'irresponsabilité.

Enfin, on note une absence d'évaluation ex ante et ex post des réformes. Très peu de politiques publiques liées au travail font l'objet d'un véritable bilan d'impact, qu'il soit économique, budgétaire, ou comportemental. Le CICE, le CPF, les exonérations Fillon, les aides à l'apprentissage ont été lancés ou prolongés sans validation rigoureuse de leur efficacité réelle.

Ainsi, le facteur politique français cumule instabilité, opacité et inefficacité décisionnelle, ce qui entrave toute transformation de fond. Réformer le travail ne suffira pas si l'environnement politique continue à fabriquer des normes contre-productives, ou à légitimer des blocages qui coûtent collectivement des milliards d'euros chaque année.

E – Facteurs économiques : un modèle de travail pénalisé par ses propres choix collectifs

Sur le plan économique, la situation française combine plusieurs paradoxes qui pèsent directement sur la dynamique de l'emploi, la compétitivité des entreprises et la capacité à récompenser le travail.

Le premier obstacle est le niveau très élevé des prélèvements obligatoires. La France figure systématiquement dans le trio de tête de l'OCDE pour le taux de prélèvements (47,7 % du PIB en 2023). Ce poids fiscal, concentré sur le travail, désincite à l'embauche, réduit le salaire net, et renforce la dépendance à l'État. Pour les PME, cela se traduit par une double peine : charges sociales élevées sur les bas salaires, et complexité massive dans la gestion des exonérations (réductions Fillon, ZRR, JEI…).

À cela s'ajoute une dépense publique massive mais inefficiente. Le système redistributif français ne parvient pas à réduire les inégalités d'accès à l'emploi ni à fluidifier les parcours professionnels. Le coût du non-travail reste très élevé : plus de 30 milliards d'euros pour les minima sociaux, 16 milliards pour les arrêts maladie, des dizaines de milliards pour les dispositifs subventionnés à faible retour sur investissement. Autrement dit, on dépense beaucoup pour des résultats médiocres.

Le coût du travail, en particulier sur les bas et moyens salaires, crée un effet de trappe à inactivité. L'écart entre un revenu d'activité au SMIC et un revenu d'assistance peut parfois être inférieur à 20 %. Dans certains cas, une famille sans emploi perçoit davantage qu'un salarié à temps plein. Cela produit un effet pervers sur l'incitation à travailler, en particulier dans les métiers en tension, les zones défavorisées ou les secteurs peu qualifiés.

Autre facteur économique structurant : l'hyper-fragmentation du tissu productif. 80 % des entreprises françaises ont moins de 10 salariés. Or, ces structures subissent de plein fouet les effets de seuil, l'insécurité juridique et la volatilité fiscale. Elles n'ont ni les ressources humaines ni les marges financières pour absorber les complexités du système. Ce sont pourtant ces entreprises qui créent l'essentiel des emplois.

Le manque de lisibilité du système de charges et d'incitations renforce la défiance. Beaucoup de chefs d'entreprise ne savent pas combien coûte réellement un salarié, ni ce qu'ils paient exactement en cotisations. Les salariés eux-mêmes ne perçoivent pas la valeur de leur fiche de paie, ni le lien entre cotisation et droit. Ce brouillard fiscalo-social nuit à l'adhésion au modèle.

Enfin, la faible culture de performance et d'efficience dans l'administration économique pénalise les projets de modernisation. Trop souvent, les dispositifs sont conçus pour injecter des moyens, non pour générer des résultats. L'économie française de l'emploi souffre donc d'un biais de volume (aides, dispositifs, dépenses) au détriment d'un pilotage par l'impact et l'efficacité.

En résumé, le facteur économique n'est pas une fatalité extérieure : c'est une construction collective, le fruit de choix politiques, de renoncements et d'habitudes enracinées. Pour réformer le travail, il faut d'abord assumer un rééquilibrage stratégique entre production, redistribution et incitation à l'effort.

S – Facteurs sociaux : désaffiliation croissante et crise de légitimité du travail

La question sociale est au cœur de la crise du modèle français. Ce n'est plus seulement une crise de la pauvreté ou du chômage, mais une crise de sens, de reconnaissance et de justice perçue. Le travail n'est plus vu par une part croissante de la population comme un vecteur d'émancipation, mais comme une contrainte faiblement rentable, mal récompensée, et inégalement reconnue.

Le premier symptôme de cette fracture est la désaffiliation croissante vis-à-vis du travail. Le taux d'emploi progresse artificiellement grâce au temps partiel subi, aux emplois aidés ou à des statuts atypiques. Mais dans les faits, de nombreux actifs sortent du jeu : baisse du taux d'activité chez les seniors, décrochage chez les jeunes sans qualification, explosion des arrêts maladie de longue durée… Le travail n'est plus perçu comme une voie de stabilité, mais comme un effort peu lisible aux résultats incertains.

À cela s'ajoute une perte de repères collectifs. Les parcours professionnels sont de plus en plus instables, les reconversions mal accompagnées, les métiers pénibles peu valorisés, et la montée en compétences souvent déconnectée des besoins réels. La promesse républicaine d'une ascension sociale par le travail s'efface derrière une réalité de déclassement ou de stagnation.

Le sentiment d'injustice entre ceux qui travaillent et ceux qui perçoivent sans contribution devient une fracture centrale. Les allocataires perçus comme « passifs » gagnent parfois autant qu'un travailleur au SMIC. Ce déséquilibre alimente une colère sociale et un rejet du modèle redistributif. L'effort ne semble plus reconnu, ni dans la fiche de paie, ni dans les droits ouverts.

En parallèle, la culture du conflit structure encore une partie du monde professionnel. La grève est parfois utilisée non comme dernier recours, mais comme moyen d'expression politique, au détriment de la continuité du service public ou de l'activité économique. Le dialogue social est souvent vicié par des postures idéologiques plutôt que des objectifs de performance collective.

Enfin, la fracture territoriale et sociale se creuse. Certaines zones rurales et quartiers urbains sont durablement éloignés des bassins d'emploi, sans dispositif efficace de réinsertion. La mobilité géographique et professionnelle est freinée par les rigidités statutaires, le coût du logement, l'absence de garde d'enfants ou les freins à la reconversion. Le travail ne fédère plus, il divise.

En résumé, le facteur social révèle une urgence majeure : restaurer la valeur du travail comme socle du contrat social, par une meilleure rétribution, une reconnaissance concrète de l'effort, un accès plus juste aux droits, et une refondation des solidarités autour du mérite et de la contribution réelle.

T – Facteurs technologiques : mutation accélérée, système figé

La révolution technologique en cours bouleverse l'organisation du travail, les qualifications requises et les modèles économiques. Elle offre des opportunités majeures de compétitivité, d'efficacité et de confort de travail, mais elle entre en collision avec un système français figé, trop lent à s'adapter.

Première fracture : l'automatisation croissante des tâches manuelles, répétitives ou administratives. L'intelligence artificielle, les logiciels décisionnels, les capteurs, la robotique et les plateformes transforment radicalement les besoins en main-d'œuvre. Dans de nombreux secteurs (logistique, banque, comptabilité, commerce, production), des milliers de postes sont appelés à disparaître ou à muter. Or, le système de formation et de reconversion en France ne suit pas : il est trop long, trop théorique, trop éclaté. Les transitions technologiques laissent donc derrière elles une masse de salariés inadaptés ou inemployables.

Deuxième mutation : le télétravail et la digitalisation des fonctions supports, qui permettent un redéploiement territorial du travail. Mais cette opportunité reste sous-exploitée : peu d'accords de branche structurés, peu d'investissements dans la numérisation des TPE/PME, et un encadrement juridique flou. Le risque est double : générer une fracture numérique dans les zones défavorisées, et alimenter l'isolement ou la précarité des télétravailleurs sans cadre protecteur.

Troisième transformation majeure : la généralisation des plateformes et des modèles hybrides. De plus en plus d'actifs cumulent plusieurs statuts (salarié, auto-entrepreneur, portage, etc.). Mais le droit du travail reste fondé sur une distinction binaire : CDI ou rien. Ce décalage entre la réalité technologique et la norme juridique crée de l'insécurité, du contentieux, et empêche l'émergence de modèles souples mais protecteurs.

Quatrième enjeu : l'accélération des cycles économiques imposée par la technologie. L'adaptation des entreprises doit être plus rapide, plus agile. Pourtant, les procédures de rupture de contrat, de reclassement ou de licenciement restent rigides, longues, et souvent judiciaires. Cela freine l'embauche, car cela rend le désengagement trop risqué.

Enfin, la sous-exploitation du potentiel d'outillage numérique dans les politiques publiques est criante. Le CPF, Pôle Emploi, les URSSAF ou les systèmes de cotisation retraite sont encore marqués par des systèmes archaïques, peu interconnectés, mal lisibles. L'État social digital reste une promesse non tenue.

En résumé, la technologie avance, mais le droit, les institutions et les habitudes restent bloqués. Cette dissonance crée un risque d'obsolescence systémique : ce n'est pas la technologie qui menace le travail, c'est notre incapacité à l'intégrer avec justice, souplesse et ambition collective.

E – Facteurs environnementaux : transformation incontournable, mais non maîtrisée du modèle productif

La transition écologique n'est plus une option, c'est une nécessité. Mais cette nécessité est aujourd'hui subie plus que pilotée, avec des impacts directs sur le monde du travail que le système français n'a ni anticipés ni structurés.

Premier constat : la reconversion écologique de pans entiers de l'économie (transport, agriculture, bâtiment, énergie, industrie) est amorcée, mais sans stratégie RH claire. On impose des normes (bâtiments basse consommation, flottes décarbonées, circuits courts…), mais on ne forme pas en amont les salariés pour accompagner ces changements. Résultat : les métiers évoluent, les qualifications manquent, et la transition verte devient un facteur d'exclusion ou de pénibilité accrue.

Deuxième facteur : la réindustrialisation verte est une opportunité majeure. Relocaliser la production dans des filières stratégiques (santé, énergie, électronique, alimentaire) permettrait de créer des dizaines de milliers d'emplois locaux. Mais cette dynamique est freinée par le coût du travail, les lourdeurs administratives, et l'absence d'un modèle d'entreprise aligné sur les exigences écologiques (gouvernance, traçabilité, indicateurs extra-financiers crédibles).

Troisième enjeu : la transition impose une territorialisation fine de l'emploi. Les métiers verts ne seront pas identiques en milieu rural, urbain ou littoral. Pourtant, les dispositifs publics sont uniformes, mal ciblés, et souvent inadaptés aux réalités locales. Cela accentue la fracture écologique du territoire, en plus de la fracture sociale.

Quatrième défi : la fiscalité environnementale mal calibrée. Certaines mesures (taxe carbone, fiscalité sur les carburants, normes agricoles) pénalisent les travailleurs ou employeurs sans proposer de compensation efficace ni de transition progressive. Cela génère une écologie punitive, mal vécue socialement, et potentiellement explosive politiquement.

Enfin, la pression écologique européenne (Green Deal, taxonomie verte, reporting ESG obligatoire) crée un surcroît de charges pour les PME françaises, souvent mal armées pour y répondre. Cette contrainte environnementale devient une barrière à l'emploi au lieu d'être un levier de réorientation productive.

En résumé, le facteur environnemental est un accélérateur de mutation du travail, mais sans accompagnement systémique, il deviendra un facteur de déclassement. La transition ne peut réussir que si elle s'intègre à une stratégie globale : territoriale, sociale, productive et formatrice.

L – Facteurs légaux : un droit du travail hypertrophié, illisible, dissuasif

Le facteur juridique est sans doute le plus négligé dans l'analyse publique, alors qu'il conditionne pourtant la lisibilité, la prévisibilité et l'équilibre des relations de travail. Or, en France, le droit du travail est devenu un obstacle en soi à l'embauche, à la fluidité des parcours et à la croissance des entreprises.

Premier constat : le Code du travail est devenu illisible. Avec près de 3 800 articles, des dizaines de régimes spécifiques, et des obligations qui varient selon la taille de l'entreprise, il est impossible pour un employeur, et même souvent pour un juriste, de maîtriser pleinement ses obligations. Cela génère de l'insécurité, des contentieux, et surtout de la peur de l'embauche, en particulier chez les TPE/PME.

Deuxième problème majeur : l'instabilité normative permanente. Chaque année, de nouvelles lois, ordonnances, décrets ou jurisprudences viennent modifier des dispositions clés (rupture conventionnelle, durée du travail, forfait jours, CDD...). Les employeurs ne disposent pas de règles stables dans le temps pour planifier leur politique RH. Cela crée un climat de défiance et une culture du risque juridique permanent.

Troisièmement, les effets de seuils juridiques (à 11, 20, 50 salariés) multiplient les contraintes légales à mesure que l'entreprise grandit. Obligations de représentation du personnel, mise en place du CSE, participation, règlement intérieur, contribution formation, etc. : ces seuils sont souvent dissuasifs pour les dirigeants de TPE qui préfèrent ne pas embaucher plutôt que de franchir un palier à la lisibilité incertaine.

Autre point critique : la judiciarisation extrême des ruptures de contrat. Le moindre désaccord peut se solder par un contentieux devant le conseil de prud'hommes, avec un aléa judiciaire élevé et des délais parfois supérieurs à deux ans. Ce risque incite de nombreuses entreprises à sous-traiter, recourir à l'intérim ou limiter leur croissance, même lorsqu'elles en ont les moyens.

Cinquième problème : la surprotection de certains statuts au détriment d'une équité d'ensemble. Certains salariés du secteur public ou de grandes entreprises bénéficient de droits très protecteurs, là où d'autres (jeunes, indépendants, PME) n'ont ni stabilité ni filet social solide. Cela crée un système à plusieurs vitesses, souvent vécu comme injuste et rigide.

Enfin, l'empilement des conventions collectives, accords de branche, accords d'entreprise, directives européennes et jurisprudences rend la norme trop dense, trop instable, et trop floue pour générer la confiance.

En résumé, le facteur légal joue aujourd'hui contre l'emploi : il inhibe l'initiative, complexifie l'organisation, et protège mal. Une réforme de fond du droit du travail est donc non seulement souhaitable, mais indispensable pour restaurer un climat de confiance et d'équité dans le monde du travail.

L'analyse PESTEL révèle une vérité fondamentale : le modèle français du travail ne dysfonctionne pas uniquement de l'intérieur. Il est soumis à une série de pressions externes, politiques, économiques, sociales, technologiques, environnementales et juridiques, qui rendent toute réforme partielle inefficace. Si ces facteurs ne sont pas intégrés à la stratégie de transformation, les meilleures intentions seront vouées à l'échec.

D'un point de vue politique, l'instabilité normative, le pouvoir de blocage minoritaire et la surcouche européenne réduisent la capacité d'action rapide et cohérente. Économiquement, les désincitations à l'embauche, la fiscalité massive sur le travail et l'inefficacité des dépenses fragilisent la compétitivité. Socialement, le modèle ne récompense plus l'effort, n'attire plus les jeunes, et ne garantit plus l'égalité des chances. Technologiquement, la mutation est en marche, mais le cadre légal et institutionnel reste figé. Environnementalement, la transition verte est une opportunité, mais elle est mal préparée, mal ciblée, mal accompagnée. Et juridiquement, le droit du travail est devenu un labyrinthe : trop dense, trop instable, trop risqué.

Ce que montre le PESTEL, c'est que la réforme ne peut pas être défensive. Elle doit être globale, lisible, anticipée et cohérente avec les réalités du XXIe siècle. La France ne pourra restaurer une économie du travail dynamique, juste et efficace qu'en intégrant ces contraintes comme paramètres de conception, non comme excuses à l'immobilisme.

La refondation proposée dans ce livre-programme repose précisément sur cette approche systémique : transformer le cœur du modèle (cotisations, temps de travail, contrat, droits) en cohérence avec le monde tel qu'il est, pas tel qu'il était il y a trente ans. Le PESTEL n'est pas un outil de constat : c'est une grille de décision. Et il plaide pour une action rapide, structurée, et stratégiquement alignée.

Une comparaison internationale est toujours la bienvenue. Il ne s'agit pas dans cette démarche d'être minimaliste et se dire que l'on fait mieux ou moins bien. Il faut rester pragmatique et se donner les moyens d'analyser en profondeur pour s'assurer que notre démarche permettrait d'être plus compétitif. Nous sommes dans un marché mondial, et chaque pays est une concurrence. Chacun 'entre nous, lors d'un achat, va challenger, le prix, la qualité… Pour pouvoir être choisi, notre produit doit donc présenter le meilleur rapport qualité prix, le benchmark proposé dans la continuité va donc permettre de poser des jalons pour identifier là où nous sommes en décalages par rapport à nos concurrents.

E – Comparaison internationale

La France n'est pas une île, elle évolue dans une économie ouverte, interdépendante, où les capitaux, les talents, les entreprises et les compétences circulent à l'échelle européenne et mondiale. On peut critiquer la mondialisation, vouloir en corriger les excès, c'est même indispensable, mais on ne peut pas gouverner comme si elle n'existait pas.

Dans ce contexte, réformer le travail, les charges et les contrats en France sans se comparer à nos voisins revient à piloter à l'aveugle. Les entreprises n'attendent pas les lois françaises pour investir ailleurs. Les jeunes diplômés comparent leur futur net disponible entre Paris, Berlin et Amsterdam. Les plateformes mondiales adaptent leurs stratégies en fonction de la fiscalité, de la flexibilité, du droit social local.

Ce benchmark international a donc un double objectif :

1. Situer la France dans un cadre de réalité : que ce soit en matière de coût du travail, de droit du travail, de performance économique ou d'insertion professionnelle, il est essentiel de savoir où nous nous situons, et surtout pourquoi nous décrochons.

2. Identifier des leviers de progrès concrets : il ne s'agit pas d'imiter aveuglément d'autres pays, mais d'analyser ce qui fonctionne chez nos voisins, qu'ils soient compétitifs, attractifs ou socialement équilibrés, et de voir ce qui peut être transposable avec nos valeurs.

Nous ne cherchons pas à américaniser la France, ni à céder aux modèles low-cost, mais tant que le coût du travail sera supérieur à celui de nos concurrents, tant que le droit bloquera l'embauche, tant que les incitations seront inversées, il est illusoire de parler de réindustrialisation, de souveraineté ou de retour au plein emploi.

C'est pourquoi le chapitre qui suit propose une lecture comparée, structurée autour de trois groupes de référence :

- Les pays européens performants (ex. : Allemagne, Danemark, Pays-Bas),
- Nos concurrents directs du sud de l'Europe (ex. : Espagne, Italie, Portugal),
- Les puissances OCDE/G7 les plus observées (ex. : États-Unis, Japon, Canada).

Ce benchmark n'est pas une parenthèse, il est un révélateur. Et il montre clairement que la France n'est pas condamnée, mais enfermée dans des choix politiques dépassés. Il est temps de s'en libérer.

Coût du travail et fiscalité sur l'emploi : un handicap compétitif français majeur

Le premier constat de toute comparaison internationale sérieuse est sans appel : le coût du travail en France est l'un des plus élevés de l'OCDE. Cette situation ne résulte pas de la générosité salariale, mais d'un empilement de cotisations sociales et de prélèvements obligatoires, souvent opaques, qui pèsent sur les employeurs et brident l'embauche.

a) Un coût horaire parmi les plus hauts d'Europe

Selon les données d'Eurostat (2023), le coût horaire moyen du travail en France est de 40,70 €, contre :

France	40,70 €
Allemagne	37,20 €
Pays-Bas	33,00 €
Espagne	25,70 €
Italie	23,30 €
Portugal	21,30 €

Cela place la France au 3e rang des pays les plus chers d'Europe, derrière le Luxembourg et le Danemark. À salaire brut équivalent, le surcoût français provient essentiellement des cotisations sociales employeurs.

b) Des charges sociales désincitatives à l'embauche

En France, un salarié au SMIC coûte environ 2 231 € par mois à l'employeur, pour un salaire net de 1 398 €. L'écart est comblé en partie par la réduction Fillon, mais cette exonération devient un piège : elle décourage toute hausse de salaire, puisque l'employeur perd l'allègement dès que le brut augmente.

À l'inverse, en Allemagne ou aux Pays-Bas, les charges sont plus linéaires et prévisibles, sans effet de seuil massif, ce qui permet une gestion salariale plus dynamique et une meilleure valorisation du travail.

c) Un niveau record de prélèvements obligatoires

La France détient le taux de prélèvements obligatoires le plus élevé de l'OCDE :

France	45,1 %
Allemagne	39,4 %
Royaume-Uni	38,1 %
Canada	33,8 %
Etats-Unis	26,6 %

Ce niveau n'est pas uniquement fiscal : il comprend toutes les cotisations sociales, même celles que les citoyens ne voient jamais sur leur fiche de paie. Le système est structurellement dissuasif, surtout pour les bas salaires et les emplois peu qualifiés.

Tant que le coût du travail restera aussi élevé et aussi illisible, les créations d'emplois seront freinées, les hausses de salaire découragées, et la compétitivité de la France affaiblie. Ce n'est pas un détail technique : c'est un verrou structurel à l'embauche. Une réforme des charges, couplée à une clarification du système contributif, est une condition de survie économique.

Flexibilité de l'emploi et performance contractuelle : un marché du travail rigide, peu lisible et anxiogène

Le deuxième levier déterminant dans la comparaison internationale est la souplesse du droit du travail. Ce facteur influe directement sur la capacité à embaucher, à ajuster les effectifs, à s'adapter aux cycles économiques. Sur ce plan, la France reste l'un des pays les plus rigides de l'OCDE.

a) Un indice de rigidité encore trop élevé

Selon les données du rapport Doing Business 2020 (Banque mondiale), la France obtient une note de 47,3/100 sur l'indice de flexibilité de l'emploi :

France	47,3
Allemagne	59,4
Pays-Bas	66,3
Danemark	70,1
Espagne	60,2
Etats-Unis	80,4

La rigidité française s'explique par :

- La complexité des procédures de licenciement,
- L'obligation de motiver chaque rupture,
- Le risque judiciaire élevé pour l'employeur (prud'hommes),
- La durée incompressible de certains préavis,
- Les indemnités planchers imposées, même en cas de faute.

b) Un contrat de travail illisible

Le contrat à durée indéterminée (CDI) français, pourtant valorisé dans le discours public, est perçu par les employeurs comme une prise de risque, en raison :

- Du coût d'un licenciement contesté,
- Des incertitudes sur la jurisprudence,
- De la difficulté à ajuster le temps de travail (temps partiel rigide, heures supplémentaires plafonnées).

À l'inverse, des pays comme le Danemark ont mis en place un système dit de "flexisécurité" : licenciement facilité mais chômage très bien indemnisé et accompagné, ce qui permet une rotation saine du marché du travail sans insécurité sociale.

c) Des freins à l'embauche des jeunes et des profils atypiques

La complexité du droit du travail français dissuade l'embauche des jeunes, des seniors ou des reconvertis. Ces profils sont perçus comme "à risque", en cas de contentieux, d'inaptitude ou d'erreurs administratives.

À l'inverse, des pays comme les Pays-Bas ou le Canada favorisent l'emploi de ces publics par des contrats flexibles, des incitations fiscales simples, et une sécurité sociale lisible.

Taux d'emploi, productivité et insertion des jeunes : un modèle qui gaspille son potentiel humain

Au-delà des charges et de la rigidité juridique, une économie performante se mesure à sa capacité à mobiliser son capital humain : intégrer les jeunes, maintenir les seniors dans l'emploi, et tirer le meilleur de chaque heure travaillée. Sur ces points, la France cumule paradoxalement un haut niveau de productivité par tête… et un taux d'emploi médiocre.

a) Un taux d'emploi trop bas, en particulier chez les jeunes et les seniors

Selon Eurostat (2023), le taux d'emploi des 15-64 ans en France est de 68,6 %

France	68,6 %
Pays-Bas	77,9%
Allemagne	77,5 %
Danemark	75,5%
Portugal	71,3 %
Moyenne OCDE	73,4 %

Mais le décrochage est particulièrement préoccupant chez :

- Les jeunes de 15-29 ans : seulement 31,4 % en emploi en France, contre 58 % en Allemagne et 61 % aux Pays-Bas,
- Les seniors (55-64 ans) : taux d'emploi à 56 % en France, contre 72 % en Allemagne.

Cela révèle une double exclusion : en entrée et en sortie de vie active. Le marché du travail est peu fluide, peu accueillant pour les transitions professionnelles, et produit un effet de relégation.

b) Une productivité élevée, mais trop concentrée

La France affiche l'un des meilleurs niveaux de productivité horaire en

France	68,1 €
Allemagne	66,3 €
Pays-Bas	64,2 €
Danemark	58,7 €
Espagne	54,1 ®

Europe :

Mais cette performance est concentrée dans certains secteurs (finance, industrie capitalistique, grandes entreprises), et cache une autre réalité : de nombreux Français ne travaillent pas ou sont sous-utilisés.

Le système produit peu d'emplois à faible qualification, contrairement à l'Allemagne qui assume un tissu industriel intermédiaire plus dense.

c) Un modèle de transition professionnelle défaillant

La France souffre également d'un manque de passerelles efficaces entre formation, emploi et reconversion. Les dispositifs existent (ex. : CPF), mais sont éclatés, peu lisibles, et souvent inadaptés aux besoins réels du terrain.

À l'inverse, des pays comme le Danemark ou le Canada misent sur l'adaptabilité : dès qu'un métier est en tension ou en déclin, des dispositifs de requalification ciblés sont activés rapidement.

Relation à l'effort et valorisation du travail : un modèle qui ne récompense plus ceux qui s'engagent

L'un des constats les plus alarmants du benchmark international est celui-ci : la France est l'un des pays où l'effort individuel est le moins récompensé. Travailler plus ne garantit pas de gagner mieux. Accepter un emploi peu qualifié ne sort pas nécessairement de la pauvreté. Cet effacement du mérite contribue à la démobilisation sociale.

a) Un salaire minimum déconnecté du salaire médian

En France, le SMIC net représente environ 60 % du salaire médian

France	60 %
Allemagne	45 %
Pays-Bas	47 %
Espagne	41 %
Etats-Unis	35 %

Cela signifie que les écarts de rémunération entre les premiers niveaux de qualification sont trop faibles. L'effet de "marche" est effacé : pourquoi monter une marche si l'écart est minime ou supprimé par les prélèvements ?

Ce phénomène est aggravé par les effets de seuils sociaux : hausse de salaire = perte d'APL, baisse de prime d'activité, sortie des exonérations. L'effet net est parfois… une perte de revenu.

b) Travailler plus = être fiscalement sanctionné

Un salarié qui accepte des heures supplémentaires, ou qui cumule un emploi à temps partiel, voit son revenu progresser. Mais rapidement, il bascule dans une tranche fiscale supérieure, perd une partie de ses aides sociales, et voit son "net disponible" diminuer. Le système dissuade ainsi l'effort marginal, en particulier chez les bas et moyens revenus.

À l'inverse, des pays comme le Canada, les Pays-Bas ou le Danemark ont mis en place des filets incitatifs dégressifs : les aides se retirent progressivement, en garantissant toujours un "gain au travail".

c) Une absence de reconnaissance contributive

En France, aucun droit visible ne distingue celui qui a cotisé de celui qui ne l'a pas fait. L'accès à certains droits sociaux (santé, logement, éducation gratuite, transports subventionnés…) est universel, sans condition de contribution. Cette situation alimente un sentiment d'injustice profond : le salarié qui travaille finance des prestations gratuites pour d'autres, sans contrepartie visible.

Dans plusieurs pays (ex. : Allemagne, Estonie, Danemark), certains avantages sont conditionnés à l'activité ou à un minimum de contribution, selon une logique de réciprocité. Quand l'effort ne paie plus, la société décroche. Le modèle français a voulu protéger, il a fini par désinciter. Si l'on veut redonner du sens au travail, il faut garantir un revenu toujours supérieur à l'inactivité, restaurer un lien visible entre contribution et droits, et assumer une politique de valorisation du mérite. Ce n'est pas un reniement social : c'est une exigence de justice.

Ce benchmark comparatif met en lumière une vérité qui dérange : la France ne souffre pas d'un manque de moyens, mais d'un mauvais usage de ses ressources. Elle dépense plus, taxe plus, protège plus… mais sans en tirer les résultats attendus en matière d'emploi, de compétitivité, de justice sociale ou de cohésion économique. Face aux modèles allemands, danois, néerlandais ou canadiens, la France cumule quatre handicaps stratégiques :

- Un coût du travail trop élevé et mal réparti, qui pénalise l'emploi peu qualifié et décourage l'initiative,
- Un droit du travail rigide, illisible et anxiogène, qui transforme l'embauche en prise de risque,
- Un marché du travail sélectif, qui exclut les jeunes, les seniors, les reconvertis, au lieu de les accompagner,
- Un modèle social déconnecté de l'effort, qui affaiblit la motivation, efface la récompense du mérite, et inverse les repères.

Mais ces faiblesses ne sont ni irréversibles, ni fatales. Elles ne sont pas des fatalités culturelles. Elles sont le fruit de décisions politiques, de compromis d'un autre temps, de blocages idéologiques. Et ce qui a été mal construit peut-être reconstruit.

Ce chapitre n'appelle pas à copier des modèles étrangers. Il appelle à regarder en face ce qui fonctionne ailleurs, pour inventer un modèle français, républicain, équitable, et performant.

La section suivante poursuivra le diagnostic en s'attaquant aux blocages structurels qui empêchent toute réforme de réussir, même lorsqu'elle est lucide et cohérente.

F – Limites

Pourquoi les réformes du travail, de la retraite, échouent en France ?

La France n'est pas en panne d'idées, elle est en panne de mise en œuvre. Depuis trente ans, des dizaines de rapports, de lois, de plans d'action ont tenté de réformer le marché du travail, les charges sociales, l'emploi, la formation, les cotisations, pourtant, le modèle reste figé, les blocages perdurent, et les résultats stagnent.

Pourquoi ? Parce que la France ne souffre pas seulement de règles inadaptées, mais d'un écosystème verrouillé par une série de blocages structurels, souvent invisibles, mais redoutablement efficaces. Ces blocages ne sont pas seulement juridiques ou techniques, ils sont institutionnels, syndicaux, culturels, mentaux.

Il ne suffit pas de proposer une réforme juste et cohérente. Il faut comprendre les forces qui vont l'attaquer, la freiner ou la contourner. C'est ce que cette section propose : identifier les verrous systémiques qui expliquent pourquoi les meilleures intentions finissent si souvent par échouer, être vidées de leur substance, ou rejetées avant même leur mise en œuvre.

Car réformer le travail en France, ce n'est pas seulement écrire une nouvelle loi. C'est défier un équilibre établi entre intérêts corporatistes, rigidités institutionnelles et inertie réglementaire. Et pour réussir, il faut anticiper ces blocages et bâtir un plan de contournement stratégique.

Blocages syndicaux : minoritaires mais puissants, ils paralysent la réforme

La France est l'un des rares pays développés où les syndicats peuvent bloquer un pays sans représenter la majorité des travailleurs. Avec un taux de syndicalisation parmi les plus faibles d'Europe, moins de 8 % des salariés du privé, les centrales syndicales disposent pourtant d'un pouvoir de blocage disproportionné, hérité d'un modèle social d'après-guerre.

a) Une représentativité déconnectée du terrain

En Allemagne, les syndicats sont puissants, mais représentatifs et contractualisés. Ils négocient dans un cadre structuré, avec des objectifs économiques partagés. En France, au contraire, des syndicats ultra-minoritaires peuvent refuser toute évolution, parfois contre l'avis des salariés eux-mêmes, et sans en subir les conséquences.

Le paritarisme donne à ces syndicats une place institutionnelle, dans la gestion de l'assurance chômage, de la formation, des retraites complémentaires, etc., sans obligation de résultats.

b) Une capacité de nuisance sans responsabilité

Le droit de grève est largement protégé, y compris dans les services publics essentiels (énergie, transport, éducation), ce qui permet à des minorités d'imposer une pression nationale. Des réformes équilibrées (retraites, contrats jeunes, temps de travail...) ont été retirées non pas parce qu'elles étaient mauvaises, mais parce qu'elles devenaient politiquement coûteuses.

Les syndicats ne sont pas responsables financièrement des blocages qu'ils provoquent., ils peuvent mobiliser des ressources publiques, occuper la rue, déstabiliser un gouvernement, sans jamais devoir rendre compte.

c) Une idéologie anti-économique persistante

De nombreux syndicats français sont encore marqués par une culture de l'opposition systématique contre l'entreprise, contre la flexibilité, contre l'individualisation des droits. Le mot "réforme" y est souvent entendu comme "régression", ce qui empêche tout débat rationnel sur l'efficacité collective.

d) Une réforme impossible sans contournement stratégique

Il est aujourd'hui impossible de mener une réforme structurelle du travail en France sans anticiper le blocage syndical. L'expérience l'a prouvé : la négociation tripartite classique (État – patronat – syndicats) n'aboutit qu'à des compromis mous, ou à l'enlisement.

Pour avancer, il faudrait redéfinir les règles de représentativité, réformer le droit de grève dans les services essentiels, et conditionner les financements syndicaux à des obligations de transparence et de résultats.

Le dialogue social ne doit plus être un droit de veto, il doit devenir un outil de co-construction dans un cadre républicain, responsable, et tourné vers l'intérêt général. Il est temps d'assumer que la France ne se réforme pas parce que certains vivent très bien de l'immobilisme.

Blocages juridiques : quand le droit du travail devient un labyrinthe paralysant

Le droit du travail français a été conçu pour protéger les salariés. Mais à force de réformes empilées, de jurisprudences contradictoires, d'articles redondants ou obsolètes, il est devenu un facteur majeur d'immobilisme économique. Ce n'est plus la protection qui fait obstacle, c'est la complexité procédurale elle-même.

a) Un code du travail illisible, anxiogène, contre-productif

Avec plus de 3 800 articles (sans compter les décrets, conventions collectives, accords d'entreprise), le Code du travail est l'un des plus complexes au monde. La moindre embauche, la moindre rupture, le moindre changement d'horaire nécessite :

- Des documents écrits multiples (contrats, avenants, affichages, registres),
- Des démarches légales encadrées, sous peine de contentieux prud'homal,
- Une vigilance constante sur les évolutions jurisprudentielles.

Ce millefeuille juridique a pour effet de disqualifier les TPE/PME, qui n'ont ni DRH, ni service juridique.

b) Le risque prud'homal paralyse l'embauche

Même en cas de licenciement pour faute grave, ou pour motif économique clairement documenté, l'entreprise peut perdre un procès prud'homal plusieurs années après les faits, du fait :

- D'erreurs formelles dans la procédure,
- D'un faisceau d'indices interprété subjectivement,
- D'une incertitude jurisprudentielle sur les barèmes.

Résultat : le licenciement devient un risque financier et moral, même lorsqu'il est fondé. Cette situation pousse certains dirigeants à préférer l'intérim, les CDD ou la sous-traitance, plutôt que de "prendre un CDI".

c) L'absence de lisibilité dissuade les évolutions internes

La complexité du droit bloque également les mobilités internes, les promotions, les expérimentations organisationnelles. Créer un poste hybride, aménager un temps de travail, tester un nouveau rythme hebdomadaire ? Tout devient juridiquement risqué, car la règle protège la norme, pas l'innovation.

d) Les normes changent plus vite que les entreprises ne peuvent suivre

Chaque année, des dizaines d'ajustements sont introduits : revalorisations, seuils, exonérations, indices... Le droit du travail français est en changement permanent, ce qui crée une insécurité juridique permanente.

Un droit qui protège ne doit pas être un droit qui paralyse. Le Code du travail français est devenu un système d'empêchement, où l'intention de protéger a abouti à une logique d'hostilité juridique envers l'entreprise. Une réforme stratégique doit viser la clarté, la stabilité et la responsabilité partagée.

Blocages institutionnels : des acteurs publics plus souvent dans le contrôle que dans la solution

La relation entre les entreprises françaises et les administrations du travail ou de la protection sociale est marquée par un climat de méfiance, de rigidité et d'asymétrie. Loin d'être des partenaires du bon fonctionnement de l'économie, certains opérateurs publics sont perçus comme des sources permanentes d'insécurité, de conflits ou de charges administratives.

a) L'URSSAF : de l'aide au redressement automatique

Dans la majorité des pays européens, les administrations sociales accompagnent les entreprises dans la régularité. En France, l'URSSAF est vécue comme un guet-apens administratif :

- Les règles sont complexes, évolutives, parfois contradictoires,
- Les contrôles sont peu pédagogiques et rarement préventifs,
- Le redressement est souvent automatique, sans considération pour la bonne foi,
- Le coût d'un litige URSSAF peut être démultiplié par la rétroactivité, les majorations et l'inertie des procédures, même lorsque l'intention de départ était conforme.

b) La CPAM : validation automatique d'arrêts et d'accidents de travail

Comme vu dans les sections précédentes, la Caisse Primaire d'Assurance Maladie reconnaît quasi systématiquement les arrêts maladie et les accidents du travail, parfois en dépit de preuves contraires apportées par l'employeur :

- Aucun contrôle médical systématique,
- Aucune enquête contradictoire,
- Aucune suspension du versement en cas de saisine judiciaire
- L'entreprise est sanctionnée par hausse de cotisation, même en cas d'abus manifeste, sans voie de recours réellement suspensive.

c) L'Inspection du travail : arbitre sans dialogue

Les inspecteurs du travail disposent d'un pouvoir d'injonction unilatéral, qui peut bloquer une procédure, annuler une organisation, ou mettre en demeure une entreprise, sans vérification judiciaire immédiate.

Dans certaines régions, cette logique d'intervention devient plus punitive que constructive, en particulier dans les PME. De nombreux dirigeants évitent donc toute prise de risque ou de créativité RH par peur d'une sanction rétroactive.

Les institutions sociales françaises ne sont pas jugées sur leur capacité à protéger ou à faire progresser l'emploi, mais sur leur capacité à sanctionner. Il faut transformer la logique : passer d'un État contrôleur à un État facilitateur, responsable, équitable, et tourné vers la performance collective.

Blocages mentaux et culturels : un imaginaire français en décalage avec l'économie réelle

Au-delà des lois, des chiffres et des institutions, une réforme du travail en France doit aussi composer avec un imaginaire collectif profondément ancré, hérité de l'histoire sociale du pays. Dans ce paysage mental, l'entreprise inspire souvent plus de méfiance que de confiance, et le changement est suspecté avant même d'être analysé.

a) L'entreprise encore perçue comme un rapport de force

Dans la culture française, l'entreprise est encore vue comme un lieu de domination, plus que de coopération. Le rapport salarié-employeur est souvent interprété en termes de "lutte" ou de "résistance" plutôt qu'en termes d'alliance ou de projet partagé.

Cela explique pourquoi chaque réforme est perçue comme un recul des droits, même quand elle améliore l'emploi ou la rémunération. L'idéologie du "patron exploiteur" demeure dans certaines franges de la société, entretenue parfois par des discours politiques ou syndicaux archaïques.

b) La peur du changement, nourrie par l'instabilité législative

La France est l'un des pays les plus instables juridiquement : chaque année, le Code du travail évolue, les exonérations changent, les seuils se déplacent. Cette instabilité entretient une forme de fatigue civique, où toute réforme est vue comme un potentiel danger, et non comme une solution.

Le changement est redouté non parce qu'il serait injuste, mais parce que la complexité du système rend impossible toute anticipation.

c) La réussite est encore taboue

Dans de nombreux pays (ex. : Canada, Pays-Bas, Danemark), réussir par le travail, créer une entreprise, innover ou bien gagner sa vie sont valorisés. En France, la réussite est vite suspectée : de fraude, de passe-droit, de privilège.

Ce regard négatif sur la performance freine l'initiative et bloque toute réforme méritocratique.

d) Une société fragmentée par le soupçon

Enfin, la société française semble désunie sur la valeur même du travail :

- Pour certains, c'est un devoir moral,
- Pour d'autres, c'est une charge à réduire,
- Pour d'autres encore, c'est un système à contourner.

Dans ce climat de soupçon généralisé, aucune réforme ne peut réussir sans rétablir un pacte clair, lisible et juste autour de l'effort et de la contribution.

La France ne souffre pas seulement de lois mal faites, mais de représentations sociales qui sabotent la réforme avant qu'elle ne commence. Il faudrait rétablir un contrat moral autour du travail, fondé sur la clarté, l'équité et la confiance dans les acteurs économiques.

Blocages politiques et médiatiques : quand la réforme est disqualifiée avant même d'être débattue

Même lorsqu'une réforme est techniquement solide, juridiquement fondée et socialement juste, elle peut échouer face à une pression politico-médiatique immédiate, émotionnelle et souvent déconnectée du réel. Ce blocage n'est pas institutionnel, mais culturel et tactique. Il empêche toute réforme structurelle du travail d'émerger sereinement dans le débat public.

a) La tyrannie du récit court et du buzz

Dans les 24 heures qui suivent l'annonce d'une réforme, le débat est souvent figé par une surinterprétation médiatique, des slogans, des polémiques, ou des projections anxiogènes. Le temps long de la construction politique est court-circuité par le temps immédiat de l'indignation.

Un exemple : une mesure sur les retraites, l'assurance chômage ou le contrat de travail peut être disqualifiée par une punchline syndicale ou un tweet viral, bien avant que le fond n'ait été lu ou compris.

b) L'opposition automatique comme stratégie politique

Certains partis ou syndicats refusent toute réforme par principe, non pas parce qu'elle serait inefficace, mais parce qu'il leur est politiquement plus rentable de s'y opposer. Cette logique tactique pousse à l'hystérisation du débat public, où l'idéologie prime sur les faits, et où la complexité est caricaturée comme un piège.

c) Le traitement émotionnel des sujets sociaux

Le traitement médiatique du travail en France est souvent émotionnel plutôt que rationnel. On illustre un débat structurel par des cas extrêmes : un travailleur isolé, un accident injuste, une famille au RSA. Ces cas, réels mais minoritaires, deviennent le prisme unique du débat, ce qui empêche toute réforme de structure.

L'intention réformatrice est alors assimilée à une attaque contre les "plus fragiles", même lorsqu'elle vise à renforcer l'emploi, l'effort ou la protection réelle.

d) L'absence d'espace de débat stratégique de long terme

Il n'existe presque plus, en France, d'espace politique ou médiatique où l'on peut discuter du travail de manière sereine, stratégique, à 10 ou 20 ans. Chaque débat devient une crise et chaque crise repousse la réforme.

Réformer le travail en France, ce n'est pas seulement convaincre les acteurs sociaux. C'est aussi affronter un système médiatique qui tue les idées avant qu'elles ne soient comprises. Il faut donc reconstruire une pédagogie politique de long terme, et poser les débats sur le fond, sans céder à la dictature de l'instant.

Ce chapitre l'a démontré : les blocages qui paralysent la réforme du travail en France ne sont pas conjoncturels, ils sont systémiques. Ils ne résident pas seulement dans les textes de loi, mais dans les habitudes, les réflexes, les peurs, les institutions et les récits.

On ne réforme pas un pays comme la France uniquement avec des décrets. On réforme un pays en modifiant les équilibres de pouvoir, les représentations collectives et les cadres d'action. Et cela exige du courage, de la méthode et de la constance.

Les cinq types de blocages identifiés : syndicaux, juridiques, institutionnels, culturels et médiatiques, ont un point commun, ils vivent du statu quo. Ils prospèrent dans l'immobilisme et ils exploitent la complexité pour en faire un prétexte au refus.

Face à cela, il est nécessaire de changer non seulement les règles, mais aussi les méthodes :

- Définir des priorités claires et lisibles.
- Réformer par étapes, avec des effets mesurables.
- Conditionner les financements publics à la performance.
- Encadrer les abus de pouvoir institutionnels.
- Refuser les grèves de blocage dans les services financés par l'impôt.
- Et surtout : parler vrai, chiffré, assumé.

Ces réformes proposées dans les prochaines pages ne contourneront pas les blocages, elles les affronteront, frontalement mais lucidement. Non pas par l'autorité autoritaire, mais par la cohérence stratégique, car si la réforme du travail échoue encore, ce ne sera pas faute de propositions, ce sera faute d'avoir assumé le nécessaire rapport de force pour transformer un système qui ne veut plus évoluer.

La section suivante portera sur l'évaluation des politiques publiques liées à l'emploi, à la formation et à la compétitivité. Elle nous permettra de faire le tri entre ce qui fonctionne, ce qui coûte, et ce qu'il faut abandonner. Bon nombre de réformes ont été dissuasives pour l'élan économique.

G – Les échecs des réformes passées

Evaluer pour décider, c'est une nécessité afin de faire le tri dans les politiques publiques. Réformer, ce n'est pas ajouter encore une loi, ce n'est pas non plus superposer une mesure de plus à un système déjà saturé. Réformer, c'est faire des choix. Et faire des choix exige une chose devenue rare dans la gouvernance française : l'évaluation honnête des politiques existantes.

Depuis 20 ans, l'État a multiplié les dispositifs destinés à soutenir l'emploi, alléger les charges, faciliter la formation, ou insérer les jeunes. Des dizaines de milliards d'euros ont été engagés chaque année : crédits d'impôt, exonérations ciblées, aides à l'embauche, dispositifs de formation… Mais ces milliards ont-ils tenu leurs promesses ? Ont-ils réellement créé de l'emploi ? Ont-ils amélioré l'efficacité économique, la qualité de l'insertion ou la valorisation du travail ? Trop souvent, les politiques publiques sont prolongées sans preuve de leur utilité, maintenues pour éviter les critiques, ou élargies sans évaluation. Cela crée un gaspillage budgétaire, mais aussi un brouillard stratégique, où même les employeurs et les salariés ne comprennent plus les dispositifs en vigueur. Ce chapitre a pour but de poser un principe fondamental celui d'une politique publique doit être maintenue si elle fonctionne, réformée si elle dysfonctionne, supprimée si elle échoue.

Nous allons donc évaluer objectivement quatre dispositifs majeurs qui ont marqué les 15 dernières années :

1. Le CICE, devenu exonération pérenne de cotisations.

2. Le CPF, dispositif central de la formation.

3. Les contrats aidés, dans toutes leurs formes.

4. Les aides à l'embauche et exonérations ciblées.

À travers cette analyse, nous identifierons les leviers efficaces, les effets d'aubaine, et les mesures à repenser pour rendre le système lisible, juste et performant.

1. CICE – Crédit d'impôt pour la compétitivité et l'emploi : un coût massif, une efficacité incertaine

<u>Objectif initial</u>

Mis en place en 2013, le CICE visait à améliorer la compétitivité des entreprises françaises, en réduisant leur coût du travail. Il s'agissait d'un crédit d'impôt équivalent à 6 % de la masse salariale (puis 7 %, avant suppression), applicable sur les salaires jusqu'à 2,5 SMIC. L'idée centrale : donner une bouffée d'oxygène aux entreprises, afin qu'elles investissent, innovent et créent de l'emploi.

<u>Coût budgétaire</u>

Le CICE a coûté en moyenne 20 milliards d'euros par an, entre 2013 et 2018, soit environ 100 milliards € au total. Depuis 2019, il a été transformé en allègement de cotisations sociales pérennes, d'un coût équivalent (environ 18 à 19 Md€ annuels).

Résultats obtenus

Selon plusieurs études (Cour des comptes, France Stratégie), les effets sur l'emploi ont été réels mais modestes : environ 100 000 à 160 000 emplois créés en cumulé, pour un coût de plus de 100 000 € par emploi :

- Aucun effet significatif sur les exportations, la recherche ou la relocalisation productive,
- De nombreuses entreprises ont utilisé le CICE pour restaurer leur trésorerie, ou augmenter les marges, sans contrepartie contractuelle en matière d'emploi.

La logique du CICE, baisse de charges sans exigence, a introduit une doctrine coûteuse et peu incitative, que la transformation en exonération n'a pas corrigée.

Le CICE incarne la politique du chèque sans contrat. Il a bénéficié à presque toutes les entreprises, sans distinction de secteur, d'effort ou de stratégie. Ce modèle n'est ni durable ni équitable. Toute future baisse de charge devra être conditionnée à des critères mesurables : embauche, formation, montée en gamme, investissement.

2. CPF – Compte Personnel de Formation : un outil puissant devenu instable, dispersé et mal piloté

Objectif initial

Créé en 2015 pour remplacer le DIF (Droit Individuel à la Formation), le CPF visait à :

- Rendre la formation accessible à tous les actifs, de manière individuelle et autonome,
- Favoriser l'employabilité et la reconversion,
- Responsabiliser les salariés dans la gestion de leur parcours professionnel.
- L'actif cumule chaque année 500 € sur son compte, utilisables librement pour financer des formations certifiantes ou qualifiantes.

Coût budgétaire

Le CPF mobilise environ 2,5 à 3,5 milliards € par an, via la contribution à la formation professionnelle des entreprises (0,55 % à 1 % de la masse salariale).

Depuis la réforme de 2019, le CPF est monétisé, ce qui a entraîné une explosion des demandes, parfois au détriment de la qualité.

Résultats obtenus

Hausse rapide du nombre de formations suivies : +370 % entre 2019 et 2022. Mais une utilisation très hétérogène :

- Certaines formations très utiles (langues, numérique) progressent, mais des milliers d'euros partent aussi dans des formations non stratégiques (coaching non certifié, permis de conduire, etc.),
- L'absence d'accompagnement ou de ciblage sectoriel crée un déficit d'efficacité économique,
- Multiplication des fraudes et démarchages abusifs, nécessitant des régulations successives (filtrage, plafonnement, reste à charge...)

Aujourd'hui, le CPF est un réservoir budgétaire, pas un levier structuré. Il agit en silo, sans lien direct avec Pôle emploi, les branches professionnelles, ni les territoires.

Le CPF doit changer de logique : passer d'un compte personnel autonome à un compte piloté, guidé, stratégiquement ciblé. La formation est un investissement collectif, pas une dépense de consommation individuelle. Il faudra lier le CPF aux besoins des filières en tension, aux projets professionnels concrets, et au contrat de travail.

3. Contrats aidés : une logique d'affichage social plus que d'insertion durable

Objectif initial

Les contrats aidés, sous leurs différentes formes (Emplois d'avenir, CUI-CAE, Parcours Emploi Compétences – PEC), ont été conçus pour :

- Permettre l'insertion de publics éloignés de l'emploi (jeunes peu qualifiés, chômeurs longue durée, seniors…),
- Réduire le chômage structurel,
- Soutenir des activités d'utilité sociale (associations, collectivités, etc.).
- Ils reposent sur un principe simple : l'État finance une part importante du salaire, avec des conditions allégées, sur des contrats de 6 à 12 mois, renouvelables.

Coût budgétaire

Selon les années, les contrats aidés représentent entre 2,5 et 4 milliards € par an, avec une participation publique pouvant couvrir jusqu'à 75 % du salaire brut dans certains cas. Plus de 400 000 contrats ont été signés certaines années, principalement dans le secteur non marchand.

Résultats obtenus

Le taux d'insertion en emploi durable après contrat aidé est faible : entre 20 et 30 % selon la DARES, parfois moins selon les régions. Le dispositif est massivement utilisé par les collectivités ou les associations, souvent pour répondre à un besoin temporaire de main-d'œuvre à bas coût, sans réel accompagnement ni montée en compétences. Dans de nombreux cas, les contrats aidés remplacent des emplois classiques, créant un effet d'aubaine et une distorsion de concurrence.

Les contrats aidés ont servi à faire baisser artificiellement les chiffres du chômage dans certaines périodes politiques, sans résoudre structurellement le problème de l'insertion durable. Ces emplois ne doivent plus être un instrument de gestion conjoncturelle du chômage. Ils doivent être réorientés vers des parcours professionnalisants, avec obligation de formation certifiante, engagement de tutorat, et évaluation systématique de la sortie vers l'emploi réel. L'argent public doit financer la solution, pas le symptôme.

4. Aides à l'embauche et exonérations ciblées : un empilement instable, mal compris et peu lisible

Objectif initial

Depuis les années 1990, l'État français a multiplié les dispositifs d'aide à l'embauche, souvent conditionnés :

- À l'âge du salarié (jeune, senior),
- À la nature du contrat (CDI, alternance),
- À la situation du demandeur d'emploi (longue durée, handicap, etc.).

Ces aides prennent la forme :

- De primes directes à l'embauche (jusqu'à 4 000 € pour les jeunes ou alternants),
- D'exonérations de cotisations sociales (exonérations zone franche urbaine, exonérations LODEOM, etc.),
- De dispositifs temporaires conjoncturels (ex. : aides Covid jeunes de 2020-2022).

Coût budgétaire

Difficile à centraliser, car les aides sont éparpillées entre plusieurs ministères néanmoins, cela peut être estimé entre 5 et 8 milliards d'euros par an, selon les périodes, mais l'effet est difficile à mesurer, car chaque aide est cloisonnée, temporaire ou conditionnelle.

Résultats obtenus

Certains dispositifs (alternance, apprentissage) ont montré une efficacité réelle et des effets positifs sur l'insertion, mais l'instabilité permanente des aides a affaibli leur impact :

- Disparition d'un dispositif dès l'alternance politique,
- Méconnaissance de la part des TPE-PME,
- Effet d'aubaine massif, avec embauche "pour l'aide", suivie d'un non-renouvellement.

Les entreprises perdent en lisibilité, trop d'aides tue l'aide. Beaucoup n'ont ni le temps ni les ressources pour comprendre ce à quoi elles ont droit. Le système actuel est un patchwork d'aides désordonnées, inefficace à long terme, il faut remplacer ce millefeuille par un mécanisme unique, stable, simple et conditionné.

Par exemple : une baisse de charges durable sur les métiers en tension, conditionnée à l'effort de formation ou de montée en compétences, et affichée clairement dans la fiche de paie. Le pilotage par incitation doit devenir une stratégie de transformation, pas une logique d'annonce.

Ce chapitre d'évaluation révèle une réalité que beaucoup refusent encore de regarder en face, l'État dépense massivement pour l'emploi… sans toujours produire de l'emploi. Nous ne manquons pas de dispositifs, nous manquons d'efficacité, de ciblage, de cohérence et de courage :

- Le CICE a coûté 100 milliards d'euros pour un impact faible et non conditionné,
- Le CPF, bien que populaire, reste déconnecté des besoins économiques réels,
- Les contrats aidés ont agi comme pansement statistique, sans insertion durable
- Les aides à l'embauche sont instables, opaques, et parfois contre-productives.

Ces constats ne doivent pas mener au cynisme, mais à une réorientation stratégique profonde. Il est temps d'assumer un principe simple mais décisif. Chaque euro public doit produire un effet mesurable pour l'emploi, la formation ou la compétitivité. Sinon, il doit être redéployé. Ce chapitre n'est pas un réquisitoire, c'est un appel à transformer une logique de dépense subie en une politique d'investissement ciblé. Il ne s'agit pas de "faire des économies", mais de restaurer l'efficacité de la puissance publique au service de l'intérêt général. Il faut pour terminer notre diagnostic, connaître les limites légales de notre organisation du travail, c'est ce que l'on va regarde dans les effets de seuil.

H – Les effets de seuil

En France, la croissance d'une entreprise est souvent freinée… par la loi elle-même. Non pas parce que le marché manque, ou que les talents sont absents, mais parce qu'à partir de certains seuils (11, 20, 50 salariés) une cascade d'obligations légales et sociales se déclenche, souvent complexes, coûteuses, et peu compréhensibles. Ces effets de seuils sont devenus au fil du temps des plafonds invisibles, qui découragent l'embauche, freinent l'expansion des PME, fragmentent artificiellement les structures, et finalement, pénalisent l'économie réelle.

Contrairement à ce que l'on croit parfois, ces seuils ne sont ni anodins, ni purement techniques. Ils sont à l'origine de comportements rationnels d'évitement : gel des embauches à 49 salariés, multiplication des filiales, sous-traitance stratégique, statuts précaires… Et surtout, ces seuils touchent précisément les entreprises créatrices d'emplois : les artisans, commerçants, TPE, PME industrielles, professions libérales, acteurs de l'économie locale.

Procédons à une analyse lucide des principaux seuils bloquants ainsi qu'à une évaluation de leur coût économique. Nous ferons ensuite une réflexion stratégique sur la manière de réconcilier législation sociale et croissance réelle. La réforme du travail ne pourra réussir sans supprimer ces freins absurdes, qui punissent ceux qui osent embaucher.

1. Les principaux seuils bloquants en France : illustration d'un système dissuasif

Le Code du travail, le Code de la Sécurité sociale et le Code général des impôts imposent des obligations supplémentaires à plusieurs seuils critiques. Les plus structurants sont ceux à 11, 20 et 50 salariés. Chacun entraîne une hausse des coûts, de la complexité administrative, ou des obligations sociales, souvent sans corrélation directe avec la productivité ou le chiffre d'affaires.

a) Seuil des 11 salariés

Ce seuil déclenche notamment :

- La participation obligatoire à la médecine du travail,
- La désignation d'un représentant du personnel,
- L'obligation de tenir un règlement intérieur,
- Le déclenchement de certaines cotisations URSSAF spécifiques.

b) Seuil des 20 salariés

Parmi les conséquences :

- L'obligation d'embaucher des salariés en situation de handicap (ou verser une contribution à l'Agefiph),

- L'alourdissement du calcul de la participation à la formation professionnelle,
- De nouveaux reportings obligatoires.

c) Seuil des 50 salariés : le "mur" le plus redouté

Ce seuil active une série d'obligations coûteuses :

- Mise en place obligatoire du Comité Social et Économique (CSE),
- Obligation d'un plan de sauvegarde de l'emploi (PSE) en cas de licenciement économique,
- Obligation de publier un index égalité femmes-hommes,
- Obligation de négocier des accords collectifs spécifiques,
- Passage au régime fiscal réel normal pour certaines entreprises (fin du régime simplifié),
- Complexification des déclarations sociales et fiscales.

d) Un exemple concret dissuasif

Prenons une entreprise de 48 salariés souhaitant embaucher 3 personnes supplémentaires. En dépassant le seuil des 50 :

- Elle doit déclencher de nouvelles élections du personnel, avec formation obligatoire des membres,
- Prévoir des heures de délégation et un budget dédié,
- Modifier ses obligations URSSAF,
- Revoir son mode de comptabilité et de déclaration fiscale.

Le coût administratif et social du "passage à 50" peut atteindre plusieurs dizaines de milliers d'euros par an, sans compter la mobilisation du dirigeant sur des tâches non productives.

e) Comportements induits

- Fractionnement des structures juridiques (création de plusieurs sociétés de 49 salariés),
- Gel des embauches, même quand le carnet de commandes l'exigerait,
- Externalisation des services (intérim, freelance) pour rester en-deçà des seuils.

2. Évaluation stratégique des effets de seuils : un frein auto-infligé à la croissance de l'emploi

Les effets de seuils ne sont pas des détails techniques. Ils ont des effets macroéconomiques concrets, visibles dans les comportements d'embauche, dans la structuration des entreprises et dans la dynamique d'investissement.

a) Un coût invisible mais massif pour l'économie

Selon une étude de France Stratégie (2016) et un rapport de l'IGF :

- Le seul seuil des 50 salariés empêche la création de 100 000 à 140 000 emplois en France.
- 30 000 à 40 000 entreprises "stagnent volontairement" sous les seuils critiques, en dépit d'une activité suffisante pour croître.
- Le coût économique indirect (croissance gelée, emplois non créés, effets d'aubaine) est estimé à plusieurs milliards d'euros par an.

b) Une trappe à complexité administrative

Ces seuils déclenchent une avalanche de procédures, non mutualisées, souvent mal connues des dirigeants de TPE-PME :

- Formation obligatoire de représentants du personnel,
- Budgets à provisionner,
- Négociations annuelles obligatoires.

Cela sature les ressources internes des entreprises, les détourne de leur cœur de métier, et les rend dépendantes de cabinets externes coûteux.

c) Un frein culturel à l'ambition entrepreneuriale

Beaucoup de dirigeants refusent non pas la responsabilité sociale, mais la perte de contrôle et la surcharge administrative. Cela crée un paysage entrepreneurial sous-dimensionné : peu d'entreprises moyennes, faible capacité à grandir, modèle à faible intensité d'emploi salarié.

d) Comparaison internationale

La France est l'un des seuls pays d'Europe à imposer autant de charges conditionnées à la taille. En Allemagne, les seuils sont très progressifs et déclenchent peu d'obligations structurelles. Au Royaume-Uni, la plupart des règles s'appliquent à tous les employeurs, mais avec des modalités proportionnées au chiffre d'affaires ou au secteur. Aux Pays-Bas, des exonérations ciblées s'appliquent sur les 3 premières embauches, sans seuil rigide. Là où les autres pays cherchent à accompagner la croissance des entreprises, la France la pénalise mécaniquement.

Pour libérer l'emploi, il faut neutraliser les freins à la croissance

Au terme de cette analyse, une certitude s'impose. Le modèle français du travail et de l'entreprise est devenu inefficace, illisible et décourageant. Il n'échoue pas par manque de moyens, il échoue par complexité, fragmentation, incitations inversées, et incapacité à récompenser l'effort.

Nous avons mis en lumière :

- Des chiffres-clés alarmants (taux d'activité, chômage, écart net/brut)
- Un système social qui coûte plus à l'emploi qu'il ne le soutient,
- Des verrous structurels (effets de seuils, URSSAF, CPAM, prud'hommes),
- Une logique de redistribution qui parfois pénalise le travail et valorise l'inactivité,
- Des réformes passées qui ont échoué ou manqué leur cible (CICE, CPF, contrats aidés…),
- Un écart croissant avec les modèles performants d'Europe du Nord ou d'Asie.

Les effets de seuils agissent comme un verrou structurel contre l'embauche, l'expansion et la consolidation des entreprises françaises. Ils créent une situation absurde où grandir coûte plus cher que stagner, où le progrès organisationnel est sanctionné, et où le droit social décourage l'initiative. Les entreprises ne fuient pas leur responsabilité, elles craignent l'inflation réglementaire. En effet, elles redoutent de perdre du temps, du contrôle, de l'agilité. C'est cela qu'il faut réformer. Les seuils ne doivent plus être des murs, ils doivent devenir des paliers fluides, anticipés, lissés, et proportionnés.

Des pistes de réforme sont claires :

- Lisser les obligations sociales entre 10 et 100 salariés, pour éviter les chocs administratifs brutaux.
- Mutualiser certaines charges (CSE, médecine du travail, reporting) à l'échelle des territoires ou des filières.
- Offrir des compensations fiscales temporaires pour les entreprises qui franchissent un seuil, à condition d'embaucher durablement.
- Supprimer les seuils rigides au profit d'une logique continue fondée sur le chiffre d'affaires ou la masse salariale.
- Le travail ne doit pas être bloqué par la norme, il doit être stimulé par la règle.

Ce diagnostic n'a pas pour but d'alimenter un discours de découragement. Il trace le cadre lucide dans lequel une réforme crédible peut enfin être engagée, car la France a des atouts considérables :

- Une main-d'œuvre qualifiée,
- Une sécurité sociale de haut niveau,
- Un tissu de TPE-PME dynamiques,
- Des branches professionnelles mobilisables,
- Un besoin profond de sens, de mérite et d'équité.

La suite de ce chapitre exposera huit grandes réformes structurantes, bâties non sur des promesses abstraites, mais sur les leviers identifiés ici. Chacune d'elles aura un fondement juridique clair, un impact économique mesurable et un bénéfice direct pour les salariés comme pour les entreprises. Il ne s'agit pas de tout détruire, au contraire, il faut redonner au travail sa fonction première : créer, produire, émanciper et récompenser.

II – Reconstruire un système lisible, méritocratique et durable

Réformer, selon le Larousse, sa définition est : *« Faire subir à quelque chose des modifications importantes destinées à l'améliorer : Réformer les institutions. Synonymes : remanier – révolutionner »*

La dernière réforme du travail en réalité, remonte à Lionel Jospin et le passage aux 35h, cette fameuse réforme qui a amené à ce que les salaires baissent considérablement. Depuis, ce sont des ajustements qui ont été mis en place. Mais la finalité de tout cela, les politiques ont-elles apportées le petit supplément d'âme pour les entreprises ou les salariés ? Vivons-nous mieux à présent du fruit de notre travail ? Quelles sont les règles, sont-elles stables ? Existe-t-il un contrat moral avec la société ? Le diagnostic est désormais posé, méthodique, implacable. La France, malgré un coût du travail parmi les plus élevés de l'OCDE, ne protège plus efficacement les actifs. Elle les désoriente, les décourage, parfois même les dévalorise. Elle fait peser l'essentiel de ses efforts sur ceux qui travaillent, tout en entretenant un système de redistribution opaque, parfois contre-productive.

Nous avons montré que :

- Le Code du travail est devenu illisible et déconnecté de la réalité de terrain ;
- Les contrats n'offrent ni la souplesse voulue par les entreprises, ni la sécurité attendue par les salariés ;
- Le temps de travail est figé, non choisi, et les outils de gestion de carrière sont inaccessibles ou méconnus ;
- La fiche de paie, quant à elle, symbolise cette opacité : un document que même les experts-comptables peinent à expliquer, où ni le salarié ni l'employeur ne retrouvent le sens de leur contribution ;
- Les cotisations sociales s'imposent en bloc, indépendamment du parcours de chacun, sans liberté de choix ni lisibilité sur les droits futurs ;
- La retraite reste vécue comme une échéance floue, injuste, et déconnectée de l'effort de toute une vie ;
- Le travail, enfin, est trop souvent moins rentable que l'assistance. Il est économiquement rationnel, dans certains cas, de ne pas reprendre d'activité. Cela est inacceptable.

Notre modèle est devenu un système d'empilements, d'exceptions, de seuils, d'effets d'aubaine, il ne récompense plus l'effort, il ne forme plus les jeunes aux bonnes compétences, il ne fidélise plus.

Il faut dire que ceux qui écrivent les lois évoluent souvent dans un univers très différent de celui qu'ils régulent. Ils modifient sans cesse les règles d'un système dont ils ne vivent pas les contraintes, ne subissent pas les lourdeurs, et parfois ne comprennent plus la réalité. Pour eux, pas de feuille de paie illisible, pas d'URSSAF à régler, pas de subrogation ou de seuils à franchir. Quant à la retraite, dix ans de mandat suffisent souvent à en garantir une complète, là où il en faut quarante-deux pour un salarié du privé. Cette déconnexion est au cœur du problème.

Nous reviendrons sur cette inégalité institutionnelle dans un autre ouvrage, consacré à l'exemplarité publique et à la réforme des statuts des élus, des hauts fonctionnaires et surtout l'impasse de la Constitution qui est elle-même le frein à toute volonté de réforme. Bon nombre de propositions de lois sont rejetées, considérées anticonstitutionnelles. Cette déconnexion n'est pas une fatalité. Elle est le produit d'un système fermé, que ce projet a l'ambition d'ouvrir, de simplifier, et de rendre équitable pour tous. Aujourd'hui, le monde professionnel ne permet pas à chacun de révéler pleinement ses talents, de progresser à son rythme, ni de choisir librement son évolution. Trop souvent, le travail est vécu comme une routine subie, un effort linéaire de 42 ans, avec la promesse incertaine d'une liberté tardive à la retraite. Il est temps de briser ce schéma dépassé. Le projet proposé offre des outils concrets pour se former, évoluer, bifurquer, respirer. Il ouvre la voie à un travail choisi, à une carrière active mais maîtrisée, et à une vie équilibrée, où liberté et engagement ne s'opposent plus. Il ne s'agit pas de travailler moins, il s'agit de travailler mieux, avec plus de sens, de perspectives et de reconnaissance. Et de ne plus devoir attendre 64 ans pour vivre enfin. Un cap : simplifier, responsabiliser, récompenser

Nous ne voulons pas ajouter une réforme de plus. Nous voulons reconstruire un modèle lisible, cohérent, moderne et juste, où chaque acteur sait pourquoi il cotise, ce qu'il gagne, ce qu'il construit, et ce à quoi il peut prétendre. Cette reconstruction s'appuie sur huit axes majeurs de transformation, fondés sur une logique simple : réconcilier liberté et sécurité, travail et justice, entreprise et société. Chaque axe de réforme correspond à un blocage identifié dans les chapitres précédents. Chaque idée est chiffrée, juridiquement fondée, et articulée avec les autres. Ce n'est pas un catalogue, c'est un plan cohérent. Un contrat national fondé sur le mérite, la clarté, la progression et la réciprocité.

Les huit leviers de transformation

- Simplifier le Code du travail : passer de 3 800 articles à 300, autour de 8 titres lisibles et applicables, pour rétablir l'état de droit social,

- Créer un contrat de travail à droits progressifs : sécurité croissante avec l'ancienneté, fidélité encouragée, complexité réduite,
- Introduire un temps de travail évolutif avec le CET-NG : 40h travaillées, 35h payées, 5h épargnées sur un compte personnel,
- Réformer la fiche de paie : rendre visibles les gains, les droits, et l'effet des réformes pour chaque salarié.,
- Rendre les cotisations personnalisables et les primes plus justes : options sociales, fin des primes automatiques en cas d'absence, cohérence assurée,
- Réformer la retraite par l'effort et la productivité : bonus assiduité, passerelles métiers physiques, indexation partielle sur les gains nationaux
- Rétablir l'écart travail/assistance avec un revenu travail + garanti : minimum 20 % de plus que toute prestation
- Conditionner les aides et baisser les charges dans les métiers utiles : recentrer la solidarité, attirer dans les secteurs prioritaires.

Une promesse de clarté et de cohérence. Ce chapitre n'est pas technique, il est stratégique et fondamental. Il trace la voie d'un système compréhensible par tous, applicable partout, piloté nationalement mais respectueux du terrain.

Chaque réforme répond à une question simple : comment faire en sorte que le travail paie, que l'effort soit valorisé, et que l'emploi redevienne le cœur du contrat républicain ?

A – Réformer le code du travail

Lorsque nous parlons de réformes, nous abordons rarement l'ensemble du domaine. Sur le travail, le point d'entrée est le code du travail. Il est la base du fondement du contrat qui lie d'abord le salarié à l'entreprise met qui relie également le duo à la société pour en former le triptyque essentiel de notre base économique.

1. Un Code devenu illisible, qui fragilise le travail au lieu de le protéger

Le Code du travail français comprend plus de 3 800 articles, auxquels s'ajoutent des centaines de décrets, circulaires et jurisprudences contradictoires. Ce corpus est devenu illisible même pour les professionnels du droit. Résultat : le salarié ne sait plus à quels droits il a réellement accès, et l'employeur – en particulier la PME ou le travailleur indépendant – ne sait plus comment sécuriser ses pratiques.

Cette complexité n'est pas une garantie de protection. Elle est une fabrique d'inégalités et de contentieux, qui crée un sentiment d'insécurité juridique généralisée. Elle renforce le recours aux avocats, aux DRH externalisés, à la défiance, et à la prudence dans les embauches.

2. Une architecture claire en 8 titres, 300 articles, pour un Code lisible et compréhensible

Nous proposons une réécriture complète du Code du travail pour le ramener à 300 articles essentiels, regroupés en 8 titres thématiques :

1. Contrat de travail

2. Temps de travail et congés

3. Salaire et rémunération

4. Protection sociale et conditions de travail

5. Évolution professionnelle et formation

6. Dialogue social et représentation

7. Rupture du contrat et contentieux

8. Dispositions transversales

Chaque article doit être rédigé dans un langage juridique accessible, sans jargon technique, avec un encadré pédagogique d'explication destiné aux salariés et aux employeurs. Ce Code du travail simplifié doit pouvoir être publié en version papier et numérique et remis gratuitement à tout salarié à l'embauche. Le principe est simple : un salarié ne peut défendre ses droits s'il ne peut pas les lire. La nébuleuse actuelle fait le jeu des avocats qui à chaque aléa font croire à leur potentiel client qu'ils sont sûrs de gagner !

3. Supprimer les contradictions entre Code du travail, conventions collectives et décrets

Le Code du travail ne suffit plus à déterminer les règles applicables. Les employeurs comme les salariés doivent désormais croiser la loi, les décrets et leur convention collective pour chaque sujet. Cela crée une insécurité juridique constante, source de contentieux et de prudence excessive à l'embauche.

Exemple 1 : Période d'essai : Code vs convention collective

Code du travail – Article L1221-19 :

« La durée de la période d'essai ne peut excéder deux mois pour les ouvriers et employés. »

Convention collective SYNTEC – Article 3.1.1 :

« La période d'essai des employés est fixée à trois mois. »

Un employeur appliquant 3 mois pense respecter la convention. Pourtant, le salarié peut contester sur la base du Code du travail et gagner (Cass. soc., 31 mars 2016, n°14-29.260).

Exemple 2 : Temps de travail : loi vs accord

Article L3121-27 :

« La durée légale du travail effectif est fixée à 35 heures par semaine. »

Les conventions (ex : commerce, métallurgie) introduisent des cycles de 39h annualisés, validés par L3121-44 à L3121-47, mais mal connus. Résultat : ni l'employeur ni le salarié ne sait clairement à quel moment une heure devient "supplémentaire".

Exemple 3 : Congés pour événements familiaux

Article L3142-1 du Code du travail :

- 3 jours pour un décès d'un proche.

Convention collective des industries chimiques :

- 5 jours pour un décès, 1 jour pour déménagement, 4 jours pour mariage.

Quand le contrat ne précise pas la convention applicable, un salarié peut perdre un droit sans le savoir, est-ce normal ? Le salarié doit-il connaître 5000 pages de droit pour obtenir ce à quoi il a droit ? Ce n'est pas non plus à l'entreprise de tout porter, les chefs d'entreprise eux-mêmes ne connaissent pas l'ensemble des articles.

Voici donc une proposition simple pour une meilleure lisibilité des droits :

- Une hiérarchie clarifiée : la convention ne peut déroger au Code que par un avantage objectivement supérieur,
- Une fusion thématique des règles dans un seul article par grand thème,
- Un contrat de travail simplifié, avec une annexe obligatoire précisant clairement :

“Voici les règles qui s'appliquent à vous : Code / convention / accord.”

Un salarié ne doit pas avoir à lire 40 pages pour savoir s'il a droit à 3 ou 5 jours. Un employeur ne doit pas risquer un procès pour avoir respecté… la convention collective.

4. Une réforme indispensable pour l'entrée en vigueur des mesures dès 2029

La simplification du Code du travail n'est pas une réforme d'intention, elle est une condition opérationnelle pour que le travail soit mieux restructuré. Aussi, elle doit permettre de proposer un cadre permettre de faire évoluer la salariée dans un environnement économique stable et dans lequel chaque acteur économique évolue à son rythme.

Par exemple pour les propositions développées dans ce chapitre :

Le CET-NG (Compte Épargne Temps Nouvelle Génération) ne peut exister sans un Code du travail rénové, simplifié, qui en fixe le cadre clair, opposable et lisible.

Le contrat à droits progressifs suppose une réforme préalable des articles L1221-1 à L1221-26 et L1242-1 à L1242-12, afin de créer un seul contrat de droit commun, avec droits croissants.

Il ne s'agit donc pas d'un chantier parallèle. La simplification du Code est la clé de voûte de l'ensemble des réformes.

5. Une réforme fondatrice, qui rend possibles tous les autres chantiers

Ce nouveau Code du travail est l'infrastructure juridique :

- Il permet de repenser la fiche de paie, aujourd'hui illisible car saturée de lignes issues de régimes dérogatoires et d'articles secondaires du Code,
- Il permet d'intégrer le CET-NG dans une logique contractuelle cohérente, visible par le salarié,
- Il facilite la création d'un lien contributif clair entre effort, droits, retraite et rémunération différée.

Il redonne du pouvoir aux employeurs pour embaucher sans craindre un vice de procédure ou une règle obscure. En simplifiant le droit, on libère les énergies, on réduit les contentieux, et on redonne du sens au travail, voilà ce qu'est une réforme !

6. Une carte d'identité pour un portail professionnel

Face aux réglementations nombreuses et complexes, qui mise en face d'un processus de recrutement et de formation tout aussi parsemés d'embuche, une carte d'identité professionnelle doit être créée. Ce sésame permettrait via un numéro identifiant : le numéro de sécurité sociale, de renseigner toutes les informations de carrière, de formations, d'habilitation… pour faciliter la carrière de tout agent.

Kamel – Avocat en droit social, 45 ans (Paris) « Aujourd'hui, même nous, on a du mal à suivre les jurisprudences. Un chef d'entreprise n'a aucune chance d'y comprendre quelque chose. Il faut tout refaire à plat, sans tabou. »

B – Introduire le contrat à droit progressif

1. Trop de droits immédiats, trop peu de fidélité valorisée

Le droit du travail français fonctionne aujourd'hui sur un principe automatique : un salarié en CDI obtient l'essentiel des droits sociaux dès le premier jour d'embauche, qu'il reste 1 mois ou 10 ans.

Exemples concrets :

- Article L1221-1 : la relation de travail est fondée sur le contrat de travail, sans condition de durée minimale pour l'ouverture des droits.
- Article L1226-1 : en cas d'arrêt maladie, l'employeur doit proposer un reclassement au salarié absent, même sans ancienneté.
- Articles L2411-1 à L2411-6 : le droit de vote et d'éligibilité au CSE s'ouvre très tôt, parfois dès 3 mois.

Un salarié peut donc être embauché, tomber en arrêt longue maladie dans le premier trimestre, bénéficier de l'intégralité des droits, bloquer un poste… sans avoir jamais réellement contribué à la dynamique de l'entreprise. À l'inverse, aucune bonification ou stabilité juridique particulière n'est prévue pour les salariés fidèles, présents depuis 10 ou 15 ans. Ce modèle, inégalitaire et coûteux, décourage l'embauche stable et favorise les effets d'aubaine.

2. Un contrat à droits croissants avec l'ancienneté et un SMIC progressif

En intégrant une entreprise, sans conditions d'ancienneté, un salarié acquiert l'entièreté de droits. Ainsi, dès le 1er jour, le salarié bénéficie des droits à l'arrêt maladie, accident de travail… Une réforme fondamentale est de transformer ces droits afin qu'ils deviennent progressifs et adossés à l'ancienneté effective dans l'entreprise.

Exemple de grille de progression proposée :

- 0 à 12 mois : socle de base (salaire, temps de travail, protection santé minimale).
- 12 mois : ouverture au maintien partiel de salaire en cas de maladie…

S'agissant d'une réforme des droits, l'objectif est de mettre en place un dialogue social avec les partenaires sociaux afin de remettre à plat les règles. Chaque contrat doit mentionner les droits atteints et ceux à venir, pour sécuriser l'engagement.

Autre point évolutif, celui des charges salariales. Une proposition serait de faire que le salarié éloigné de l'emploi pendant 1 an ou plus ou le jeune de -26 ans verrait son salaire, avec un allègement de cotisation :

- -21 ans : 20 % des charges uniquement,
- 21-23 ans : 50% des charges sociales
- 23-26 ans, ou plus de 26 ans sans emploi depuis 1 an : 75% des charges

3. Suppression des statuts précaires, intégration des parcours atypiques

Ce contrat à droits progressifs unifierait tous les parcours :

- Fin des CDD à répétition : l'article L1242-2 (recours au CDD) sera réécrit pour interdire le renouvellement abusif,
- Fin de l'intérim permanent : l'article L1251-6 (intérim) sera limité aux missions strictement temporaires,
- Intégration des alternants et contrats pros sous un contrat unique, avec paliers adaptés mais même socle de droits.

Un seul contrat pour tous, mais avec des droits qui reflètent la durée d'implication réelle.

4. Fidélité encouragée, turn-over dissuadé

L'entreprise qui multiplie les embauches de très courte durée enchaîne les périodes de formation, d'instabilité, de litiges potentiels. Le remède à celui pourrait être dans une nouvelle formule de cotisations :

- Une cotisation anti-turn-over pour les structures dépassant 40 % de rotation annuelle, hors saisonnalité justifiée,
- Un bonus de charges sociales pour celles maintenant leurs salariés au-delà de 3 ans, 5 ans, 10 ans, 20 ans, pondéré au regard du taux d'arrêt maladie et accident de travail.
- La suppression automatique des primes en cas d'absence

Ces dispositifs s'insèreraient alors dans l'article L241-13 du Code de la Sécurité sociale, révisé à cet effet.

Christelle – Comptable, 41 ans (Bas-Rhin)
« Je trouve normal qu'une prime d'objectif ou d'assiduité ne soit pas versée quand t'es absent trois mois. Sinon, à quoi ça sert de faire des efforts ? »

C – Instituer un compte épargne temps nouvelle génération - CET-NG

1. Les 35h : un héritage mal calibré, qui a déséquilibré le travail

La mise en place des 35 heures (loi Aubry, 2000) a produit deux effets massifs :

- Baisse mécanique des salaires mensuels : les anciens salariés passés de 39h à 35h ont vu leur salaire horaire rester stable, mais le salaire brut de base a diminué pour les embauchés suivants. En effet le salaire d'embauche s'est calé sur la base horaire multipliée non plus par 39 mais par 35, soit une baisse de 10%. Le calcul est toujours valable à ce jour, notre salaire est calculé sur une base 35h. Chacun peut faire le calcul en ajoutant chaque mois 17h, soit, sur une base SMIC 2025 (11,88€), le montant brut d'environ 202 € soit un montant net d'un peu plus de 150 €.
- Augmentation du coût horaire du travail : la productivité n'ayant pas suivi, le coût du travail en France a augmenté, notamment par rapport à l'Allemagne, aux Pays-Bas ou à l'Estonie.

Le résultat ? Moins de pouvoir d'achat, plus de charges, moins de marges pour les entreprises, un climat social figé.

2. Revenir à 40h, mais autrement : 35h payées + 5h épargnées

Voici une proposition qui pourrait faire tousser quelques personnes et en faire tomber d'autres dans la caricature. En effet, dans chacun des idées, il y a un fondement, dans l'idée proposée ici, il s'agit en effet de prendre l'environnement global pour se rendre compte de la plus-value qu'elle apporterait. C'est donc pourquoi, nous allons développer une idée pour laquelle il ne s'agit ni d'une hausse déguisée du temps de travail, ni d'une casse des droits sociaux. Le système proposé doit devenir progressif, incitatif et lisible. Il est donc proposé de mettre en place un nouveau temps de travail à 40h hebdomadaires pour lesquelles 5h d'entre-elles iraient sur un compte épargne temps nouvelle génération, CET-NG qui aurait pour fonctionnement le principe suivant :

- Tous les salariés passent à 40h hebdomadaires (base contractuelle),
- 35h sont rémunérées normalement,
- Les 5h restantes sont épargnées automatiquement sur un Compte Épargne Temps – Nouvelle Génération (CET-NG).

Ce CET-NG est personnel, universel, portable, utilisable librement pour :

- Congé sabbatique,
- Formation/reconversion,
- Fin de carrière,
- Création d'entreprise…

C'est une rémunération différée en temps, gérée par l'État via une caisse autonome. Au passage cette réforme rebat les cartes et le calcul pour les heures supplémentaires. Aujourd'hui la limite du temps de travail est donnée pour 48h et une moyenne maximum de 44h sur 12 semaines.

3. Ouvert à tous dès le 1er jour, sans condition d'ancienneté

Contrairement à l'ancien CET (réservé à certains statuts), le CET-NG est :

- Automatique, sans démarche à effectuer ;
- Acquis dès le premier mois de travail ;
- Cumulable avec les droits CPF ou autres dispositifs ;
- Non monnayable pour éviter la consommation immédiate.

Cela redonne de la souplesse dans la gestion du temps tout en garantissant une trace de l'effort consenti.

4. Un levier de liberté, mais aussi de justice sociale

Ce dispositif corrige un déséquilibre structurel :

- Il compense la perte salariale cachée des 35h,
- Il accroît la liberté individuelle (formation, mobilité, temps choisi),
- Il permet aux entreprises de mieux anticiper les absences longues,
- Il réduit le recours au chômage en fluidifiant les transitions (ex. : départ volontaire vers formation → pas d'allocations à verser),
- Il valorise l'effort : plus on travaille, plus on épargne du temps.

5. Un coût modéré pour les entreprises, des effets macro positifs

Le CET-NG ne pèse pas sur la masse salariale : les 5h non payées sont comptabilisées comme engagement différé, géré par une caisse publique. Il sera financé par les heures accumulées, mettant fin au passage aux RTT. Le salarié partant 6 mois pour se former ne coûte rien à Pôle emploi. Aujourd'hui les RTT sont réservées à une catégorie de salarié, notre code du travail qui ne doit pas être discriminant, autorise les avantages catégoriels.

Ce CET-NG aurait comme avantage de proposer une protection des indemnités chômage pour ceux qui en ont besoin notamment en permettant aux salariés ayant un projet personnel de s'autofinancer. Ce CET-NG pourrait permettre une baisse potentielle de l'enveloppe des indemnités chômage : – 15 à – 20 % en 5 ans, sans en réduire les droits. Le salarié en formation, reconversion, création d'entreprise ou le salarié souhaitant profiter de sa jeunesse pour voyager, mobiliserait alors son CET-NG et se passerait alors d'une négociation de rupture conventionnelle ou encore d'un arrêt maladie ou d'un accident de travail dissimulé.

6. Fonctionnement et calcul

Pour comprendre la proposition, il est important de comprendre le calcul du CET-NG. Un salarié travaille en moyenne 46 semaines par an, 5 semaines de congé et un cumul des 5 jours fériés. Ainsi, chaque année, un salarié cumule 46 x 5h = 230h. Une année de travail représente 1607 heures, ainsi pour disposer d'une année de congé sabbatique rémunérée, il faut cotiser 7 ans. Autrement dit, tous les 7 ans, un salarié pourrait partir profiter de la vie sur une période d'un an sans se limiter à ses 5 petites semaines de congés payés. En y regardant de plus près, un ajustement pourrait être proposer pour la mise en place :

2 ans de cotisation : 460h, 13 semaines de congés, un peu plus de 3 mois

3 ans de cotisation : 690 h, 20 semaines de congés soit 5 mois

5 ans de cotisation : 1150 h, 32 semaines de congés, environ 8 mois

7 ans de cotisation : 1610h, soit 1 an de congé.

Ce CET-NG pourrait être la clé de voute du renouveau du salariat et surtout une innovation majeure.

7. Le CET-NG comme levier de départ anticipé

Le salarié pourrait utiliser son CET-NG pour :

- Partir jusqu'à 1 ou plus avant l'âge légal, cela dépend de la durée de cotisation restante, sans perte de pension,
- Passer à temps partiel ou anticiper une transition vers une autre activité,
- Sécuriser une reconversion en fin de carrière, sans basculer vers le chômage.

Ce mécanisme crée de la liberté sans fragiliser le système collectif.

Lors du départ en congé du salarié, l'entreprise le remplacera, elle permettra ainsi la promotion interne pour faire évoluer ses salariés mais intègrera également des nouveaux salariés. Ce sont plus de 800 000 emplois qui pourront être créer avec ce simple ajustement sans passer par un nouveau dispositif d'aide de l'Etat qui coute des milliards sans apporter réellement de plus-value.

Abdelhak – Ouvrier qualifié, 49 ans (Calvados) « Si les 5 heures que je fais en plus sont mises de côté pour moi, pour partir plus tôt ou faire une pause, je trouve ça juste. Mais il faut que ce soit clair et que personne ne touche à ce temps-là. »

D – Rendre la fiche de paie lisible et compréhensible

1. Une fiche de paie devenue incompréhensible

En 2024, une fiche de paie peut comporter 30 à 45 lignes, avec :

- Des cotisations à double étage (employeur + salarié),
- Des sigles abscons (FNAL, AGS, CEG, GMP, etc.),
- Des taux illisibles et instables,
- Des éléments de paie déconnectés de la réalité vécue.

Résultat : ni les salariés ni les employeurs ne savent ce qu'ils paient, ce qu'ils gagnent réellement, ni pourquoi les charges sont si lourdes. Selon une étude IFOP de 2023, plus de 70 % des salariés ne savent pas à quoi correspondent la moitié des lignes de leur bulletin.

2. Une simplification totale : moins de lignes, plus de clarté

Pour permettre une efficacité et améliorer la confiance dans l'entreprise, il est proposé de modifier la fiche de paie en la simplifiant :

Structure proposée :

1. Salaire de base (brut contractuel)

2. Heures supplémentaires / CET-NG – Alimentation cumulée, droit acquis / pris

3. Cotisations sociales (détail synthétique par fonction : santé, retraite, chômage, prévoyance), fin des tranches

4. Rémunération nette (versée)

5. Épargne différée et droits acquis (retraite, formation…), dont l'estimation de la retraite cotisée à date.

Chaque ligne est accompagnée d'un taux visible salarié, d'un montant clair, et d'une finalité explicite. Un salarié comprendra instantanément ce qu'il paie, ce qu'il reçoit, et à quoi cela sert.

3. Intégrer les réformes directement dans la fiche de paie

La fiche devient l'interface visible de la réforme, un outil de pédagogie économique pour chaque citoyen.

Nouvelles lignes intégrées :

- "CET-NG acquis ce mois-ci" (ex : 5h × 4 semaines = 20h épargnées)
- "Bonus assiduité retraite" (calcul annuel selon le barème validé)
- "Économie nette grâce aux réformes" (baisse charges, suppression Fillon…)
- "Droits sociaux choisis" (si cotisations à options)

Le bulletin devient un tableau de bord contributif, au lieu d'un formulaire codé pour experts où l'on se perd entre les charges salariales et les charges patronales.

4. Supprimer les effets de double cotisation et les incohérences

Aujourd'hui :

- Le salarié paie une mutuelle obligatoire, alors qu'il cotise déjà à la Sécu.
- Il cotise à une retraite de base + complémentaire + surcomplémentaire, sans contrôle ni option réelle.
- L'employeur avance les IJSS (subrogation), sans contrepartie.

Pour y voir plus clair, ne serait-il pas intéressant de partir sur une nouvelle formule :

- Une base sociale universelle obligatoire (santé + retraite + chômage),
- Des options complémentaires au choix du salarié (mutuelle, prévoyance, épargne retraite), pourquoi imposer une mutuelle aux salariés ?
- Une suppression de la subrogation automatique, sauf accord spécifique,
- Une ligne claire : "Protection sociale choisie : X €/mois – détails en annexe."

5. Un support unique pour les URSSAF, Pôle emploi, caisses de retraite

Grâce à cette nouvelle fiche :

- Les organismes auront un format commun d'exploitation,
- Les erreurs seront réduites à la source,
- Les calculs de droits seront plus transparents, moins contestables.

La fiche servira aussi à :

- Calculer la retraite estimée chaque mois (avec projection),
- Suivre les droits formation acquis en temps et en euros,
- Visualiser les jours CET-NG utilisables.

L'objectif est également de fusionner les caisses pour un seul et unique portail de Gestion RH. Sur ce portail de Gestion les salariés pourront justement remonter les anomalies rencontrées, noter les employeurs... L'ambition est de fluidifier les rapports entre les salariés et les entreprises sans rapport de force.

6. Un versement de salaire plus régulier

L'un des maux les plus palpables de notre société est l'endettement. Nombreux sont les salariés ne parvenant pas à terminer les fins de mois, à emprunter, demander des acomptes... En cause, le niveau des salaires mais également la trésorerie qui ne revient que tous les 30 jours. L'idée est de permettre aux salariés d'être désormais payés, comme en Angleterre, tous les 15 jours. Cette arrivée régulière d'argent permettrait aux salariés de mieux gérer leurs deniers personnels.

Benjamin – Commercial indépendant, 38 ans (Charente) « Je préfère cotiser moins et prendre ma propre mutuelle. Mais aujourd'hui, c'est tout ou rien. On nous impose des trucs sans nous laisser choisir. »

E – Pour une retraite contributive, assidue et transparente

1. Le système actuel : instable, injuste, illisible

En 2024, la retraite reste l'un des sujets les plus explosifs en France. Malgré la réforme de 2023 (passage à 64 ans), les problèmes structurels demeurent :

- Régimes spéciaux non alignés, financés par le régime général.
- Départs précoces pour certains, pénalisés pour d'autres à cotisation équivalente.
- Retraites faibles pour les carrières longues, sans prime à l'assiduité.
- Aucune lisibilité sur le lien cotisation / droits.

Un salarié ayant cotisé sans interruption pendant 43 ans, sans arrêt, n'a aucun avantage supplémentaire par rapport à un salarié ayant cumulé arrêts, CDD, intérim et périodes inactives.

2. Un double bonus retraite pour l'assiduité : argent et temps gagné

Nous devons mettre en place un dispositif à double effet, pour ceux qui contribuent régulièrement sans s'absenter de manière récurrente.

Bonus de pension (valeur) :

- 0 à 30 jours d'absence sur la carrière (hors maternité/paternité) : +10 % de pension
- 31 à 60 jours : +5 %
- 61 à 90 jours : +3 %
- 91 à 120 jours : +1 %
- Dès le 121e jour : bonus = 0 %
- A compter de 460 jours : malus progressif –1 %
- 700 jours : malus -2%
- A partir de 1000 jours : malus de -3%

Pour le malus, seraient exclues les maladies lourdes comme le cancer.

3. Un seul régime national, fin des régimes spéciaux subventionnés

Tous les actifs doivent cotiser à un régime unique, piloté de manière transparente. Les régimes spéciaux (SNCF, RATP, Banque de France...) pourraient alors subsister sous gestion totalement autonome et sans financement public compensatoire, à l'instar du risque pris par le chef d'entreprise. Les régimes non compensés seraient alors en risque et péril et totalement à la charge des contributeurs. Les entreprises conservant un régime spécifique seront exclues du dispositif CET-NG, car qui dit régime spécifique, dit organisation spécifique du travail.

Une convergence complète sur 5 ans serait prévue pour les intégrer au régime général si non viables. Le principe d'égalité de traitement entre citoyens devient une réalité contributive.

4. Un socle contributif + des compléments à option

En intégrant le marché du travail, on se retrouve de fait face à une imposition du système. Le système, bien qu'il soit critiqué régulièrement

Chaque salarié disposera de deux piliers :

- Un socle obligatoire : retraite de base + complémentaire.
- Des options personnalisables : surcomplémentaire, épargne retraite volontaire, rachat de trimestres via le CET-NG.

La fiche de paie intègre une projection automatisée :

- Cette année vous a rapporté 2 130 € de droits à retraite.
- Votre retraite estimée à ce jour : 1 245 €/mois.
- Trimestres validés : 169 / 172 – Bonus d'assiduité : +2 trimestres. »

Martine – Agent administratif, 59 ans (Bouches-du-Rhône)

« J'ai fait toute ma carrière sans arrêt, même quand j'étais malade, je venais. Si on m'avait dit que ça comptait pour la retraite, j'aurais trouvé ça normal, je pars comme un autre qui a posé 200 jours d'arrêt. »

F – Le travail plus rémunérateur que l'inactivité

1. Une réalité choquante : travailler peut rapporter moins que ne rien faire

Aujourd'hui, il existe en France des situations où un ménage sans emploi perçoit plus qu'un ménage au SMIC :

- RSA + APL + Allocations familiales + aides diverses = jusqu'à 2 200 €/mois pour un couple avec 3 enfants.
- En face, un salarié seul au SMIC touche 1 398 € net pour 35h/semaine.

Résultat : travailler n'est pas toujours plus rentable que ne rien faire. Cela crée un sentiment d'injustice, un découragement à l'emploi, et un coût croissant pour les finances publiques. C'est également un point pour lequel une approche sociale doit être revue notamment en permettant des aides sociales en priorité pour les cotisants et limitées dans le temps, 6 mois pour les non cotisants.

2. Un principe simple : toujours +20 % entre emploi et inactivité

Pour que le travail devienne la norme, il est important de garantir un écart structurel incitatif de +20 % minimum entre tout revenu de remplacement et le revenu net d'un salarié à temps plein. Concrètement, un salarié à temps plein devra toujours percevoir au moins 20 % de plus qu'un allocataire intégral. Si ce n'est pas le cas à l'instant T, des dispositifs de correction automatique (prime activité, crédit d'impôt travail+, modulation d'aides) rétabliront l'écart.

Exemple :

Un ménage au RSA touche 1 300 € → un salarié à temps plein dans un cas comparable doit toucher au minimum 1 560 € net.

3. Une ligne claire sur la fiche de paie

Pour renforcer l'effet incitatif et la lisibilité, une ligne spécifique doit être intégrée :

- “Revenu travail+ : +X % au-dessus du seuil d’inactivité équivalent”

Ce taux peut être calculé automatiquement par l’administration à partir des données de la CAF, URSSAF et DGFiP.

4. Une réforme à effets multiples

Cette réforme permet un gain de pouvoir d’achat pour les bas salaires, sans coût pour les entreprises, une réduction des effets de seuils : les aides ne dissuaderont plus le retour à l’emploi. Cela contribue à l’amélioration de la justice sociale : ceux qui travaillent gagnent plus, en toute transparence et perçoivent ce pour quoi ils contribuent. Enfin, cela impactera positivement le budget de l’Etat avec la baisse des dépenses sociales passives. Ainsi la dynamique vers l’emploi est renforcée.

5. L’assurance maladie

L’assurance maladie doit revoir son fonctionnement également. Les salariés qui abusent du système doivent être sanctionnés, dans le même temps, des règles plus contraignantes doivent être mises en place :

- 5 jours de carences pour l’ensemble des salariés
- Reduction du nombre de jours de carences d’un par 3 ans sans arrêt. Un salarié n’aura aucune carence s’il n’a pas été en arrêt durant 15 ans.
- L’arrêt maladie ne pourra être délivré que par le médecin référent de l’entreprise.

Ce dernier point est crucial. A ce jour, la médecine du travail pose question. Beaucoup de salariés refusent de se rendre à la visite médicale car elle est jugée inutile. D’ailleurs, ce n’est même pas un médecin mais une infirmière qui effectue le plus souvent ces rendez-vous. Plutôt que d’encourager ce système, il faut le réformer et permettre l’instauration du médecin référent pour l’entreprise et non plus la médecine du travail conventionnelle.

Assa – Employée en grande distribution, 31 ans (Essonne) « Moi je bosse 35h, je me lève à 5h du matin, et quand je fais le calcul avec une copine qui touche la CAF et rien d'autre, je suis à peine 100 € au-dessus. Franchement, c'est écœurant. »

G – Revoir la politique des charges sociales sur les métiers en tension pour produire, embaucher et relancer l'économie

1. Une pénurie massive dans les secteurs vitaux

De nombreux secteurs souffrent aujourd'hui d'un manque chronique de main-d'œuvre, malgré un chômage toujours élevé :

- BTP, hôtellerie-restauration, aide à domicile, transport routier, industrie, santé…

Paradoxe : 1 million d'offres non pourvues coexistent avec plus de 2 millions de chômeurs indemnisés.

La structure actuelle du coût du travail n'incite pas les entreprises à embaucher, surtout sur les métiers à faible marge.

2. Une réponse ciblée, souple et temporaire

Pour les métiers stratégiques, cela va débuter le lien avec le chapitre suivant, plus orienté sur l'économie, une baisse de charges ciblée, renouvelée chaque année, uniquement sur les métiers en tension reconnus officiellement doit pouvoir se faire. L'idée sous-jacente n'est pas de remettre un énième plan, mais au contraire de faciliter l'emploi par une incitation à travers un programme et un suivi. Les Français se plaignent du manque d'emplois, du recours à la main d'œuvre étrangère, pour autant, des emplois restent vacants. Dans la lignée du CET-NG, des passerelles interprofessionnelles doivent être mises en place notamment pour faciliter le changement de domaine professionnel, dit usant, pour un autre plus adapté, passé un certain âge. C'est l'ensemble de cette chaîne travail/économie qui est le cœur d'une réforme ambitieuse.

Concrètement :

- Une liste officielle des métiers en tension est publiée chaque 1er janvier par l'État (France Travail, DARES, INSEE).

Pour chaque poste déclaré :

- Allègement de charges patronales jusqu'à 10 points,
- Bonus fiscal pour les TPE-PME embauchant dans ces métiers,
- SMIC à cotisations évolutives pour les jeunes de –26 ans et les personnes éloignées de l'emploi :
- Cotisations réduites sur 12 mois : 50 % les 6 premiers mois, 75 % les 6 suivants, puis 100 %,
- Sans baisse de salaire net pour le salarié,

Objectif : favoriser l'embauche sans biais fiscal, et rendre le dispositif lisible et juste.

Cette mesure ne s'appliquerait qu'aux embauches de personnes présentes sur le territoire français depuis au moins 5 ans. Elle ne peut en aucun cas servir à financer l'appel à main-d'œuvre étrangère, au détriment des chômeurs français ou résidents légaux.

L'objectif est clair : réduire le chômage intérieur, mobiliser les viviers nationaux, valoriser l'insertion des jeunes et des reconvertis.

Exemple : une entreprise ne pourra pas faire venir 49 travailleurs immigrés pour prétendre combler 51 postes en tension, tout en laissant 49 chômeurs déjà présents dans la précarité.

3. Conditions strictes de maintien

L'allègement est conditionné à l'embauche réelle, sur un poste identifié comme "en tension".

- Il s'applique poste par poste, et non à toute l'entreprise.
- Il est renouvelé ou suspendu chaque année, selon la réalité du marché.

Toute fraude ou contournement entraîne la suppression du dispositif pour 10 ans.

4. Une mesure pro-emploi, mais aussi pro-reconversion

La réforme ne se contente pas de soutenir l'embauche : elle valorise aussi la fidélité dans les métiers difficiles.

Certains métiers (maçon, couvreur, aide-soignant, ouvrier de voirie…) deviennent physiquement insoutenables à partir d'un certain âge.

Voici une nouvelle mesure proposée : Après 20 ans d'activité dans un métier reconnu comme éprouvant, le salarié peut demander une formation qualifiante de son choix. Il est prioritaire dans les dispositifs de reconversion (France Travail, CPF abondé, mobilité intersectorielle), il peut intégrer un métier public ou technique moins exigeant (ex. : conducteur de bus, cariste, agent territorial...).

Exemple : un maçon de 47 ans ayant 22 ans d'ancienneté bénéficie d'une formation courte pour devenir cariste ou conducteur d'autocar.

C'est une reconnaissance concrète de l'usure professionnelle, une sécurisation des parcours et une mesure de justice sociale.

Victor – Chef de service dans le BTP, 43 ans (Loire-Atlantique)
« On a des gars qui changent toutes les semaines, le boulot sur les chantiers est physique. Si on a la capacité de proposer des évolutions de carrière, je serais moi-même intéressé. »

H – Réformer le syndicalisme pour protéger les droits sans bloquer la Nation

1. Une dérive du modèle syndical français

Le syndicalisme français a bien évolué et est devenu, dans bien des cas :

- Peu représentatif (8 % des salariés sont syndiqués),
- Hypertrophié dans le secteur public (jusqu'à 20 %),
- Financé massivement de manière opaque,
- Capable de bloquer l'ensemble d'un pays, parfois sans majorité réelle ni contre-pouvoir.

Résultat : une image dégradée, un rôle de blocage plus que de dialogue, et des grèves à répétition sans cadre équilibré.

Dans nombre d'entreprises, le délégué syndical est le nanti de la société à l'instar des députés qui sont intouchables. La loi a protégé les syndicats dans un intérêt qui n'a plus de sens aujourd'hui. A titre d'exemple, le 1er tour des élections est réservé aux organisations nationales. Pourrions-nous imaginer réserver les élections aux seuls candidats des partis politiques ? Cela doit être supprimé. Autre dérive, les revendications se sont transformées en chantage notamment à travers un outil légal qu'est le DGI, Danger Grave et Imminent, qu'il se doit d'être réformé pour en limiter les abus.

2. Casser les abus sans toucher aux droits fondamentaux

Le droit de grève est constitutionnel. Il ne peut être ni supprimé, ni ignoré. Mais il doit désormais être strictement encadré pour garantir la continuité des services publics et empêcher tout abus.

Un exemple concret consisterait en une interdiction de grève dans tout service public (y compris pour les entreprises privées en charge d'une mission de service public, transport, éducation…) en situation de monopole, lorsqu'aucune alternative financée par l'argent public n'est proposée aux usagers :

Exemple : ligne SNCF Paris–Lyon sans bus public équivalent → grève interdite sur cette ligne.

D'autres réflexions doivent pouvoir également être étudiées comme :

- Obligation d'un vote interne à bulletin secret, avec majorité des personnels concernés pour déclencher une grève dans le secteur public,
- Préavis obligatoire de 10 jours ouvrés pour toute grève,
- Durée maximale d'un mouvement de grève : 7 jours calendaires consécutifs,
- Délai de carence de 6 mois obligatoire avant tout nouveau mouvement collectif dans la même structure (entreprise, établissement public…).
- Interdiction de toute prise en charge salariale des jours de grève par l'employeur, les subventions syndicales, ou via des accords internes

- Plus aucun versement, rattrapage ou arrangement ne pourra être autorisé. Le non-travail ne peut plus être payé, directement ou indirectement.
-

3. Transparence et légitimité du financement syndical

A côté de cela, il faut créer un fonds syndical national unique, financé par une cotisation volontaire facultative sur la fiche de paie (ex. 0,1 %) et des subventions publiques plafonnées conditionnées à la participation électorale syndicale comme pour les partis politiques.

A l'inverse, il faut une interdiction stricte des subventions croisées entre collectivités, ministères et structures syndicales, la publication annuelle obligatoire des budgets, ressources et affectations ainsi que la prise en charge par les syndicats des audits. Les syndicats ont pris le pli de diligenter des audits aux frais de l'entreprise auprès de cabinets amis.

4. Fin des effets de rente et des privilèges syndicaux

Autre hérésie, devenir syndicaliste détaché à plein temps est devenu le graal recherché. Dans ses fonctions, ce personnel est payé par son entreprise pour lui permettre d'organiser des grèves dans son entreprise ou dans les autres. Nous avons réussi à créer un système plus que contreproductif qui amène le plus souvent de la tension alors qu'avec une telle organisation, le dialogue social devrait être facilité. Pour limiter les abus ou dérives, il faut également revoir certains points comme :

- Justifier de son activité (comptes rendus, missions, publications),
- Être rééligible ou confirmable tous les 2 ans par les salariés avec un maximum de 8 ans électifs soient 2 mandats de 4 ans comme pour les élus de la République,
- Réintégrer son poste après 8 ans, même en cas de changement de syndicat,
- Le salarié permanent de son syndicat n'est plus pris en charge à 100% financièrement par son employeur mais seulement à 30% pour lui permettre d'agir pour son entreprise.
- Interdiction du cumul de mandats syndicaux, et plafond de rémunération syndicale.

Aucun représentant ne peut gagner plus que la moyenne nette des salariés qu'il représente, notamment par la majoration abusive des heures de délégation posées en dehors des temps de travail, a cela doit s'ajouter la fin de la possibilité du morcèlement d'heures de délégation permettant de toucher des primes ou avantage tout en contraignant l'entreprise. Ainsi, l'expression des délégations syndicales ne doit plus se faire en heure mais en nombre et ne doit plus être cumulative avec le temps de travail effectif.

Par exemple, dans les entreprises de -50 salariés, un total de 3 délégations maximum par mois. Entre 51 et 250 salariés, 10 délégations max et 4 délégations maximum pour un même représentant. De 251 salariés à 1000, 20 délégations et 6 maximum pour une personne…

Il appartiendra aux représentants de s'organiser entre eux, ce n'est plus à l'entreprise s'assumer la multitude d'étiquettes syndicales.

5. Interdiction du lien politique-syndicat

Aucune organisation syndicale ne doit pouvoir être affiliée ou financée par un parti politique. En plus, tout élu politique ne doit pas pouvoir exercer de fonction syndicale durant son mandat. Il va de soi que toute personne reconnue coupable de fraude ou détournement syndical deviendrait inéligible à vie à tout mandat public ou représentatif et perdrait alors tout accès à un emploi public ou financé sur fonds publics.

Toutes ce propositions vont avoir un impact positif et pour voir ce qui va changer pour chacun, il est proposer de comparer l'avant – après réformes pour chaque agent économique.

III – Ce que ça change pour vous

Nous venons de le voir, la France n'a pas besoin d'une réforme cosmétique du travail. Elle a besoin d'un renversement complet de logique, capable de :

- Récompenser ceux qui s'impliquent,
- Responsabiliser sans culpabiliser,
- Simplifier sans appauvrir,
- Redonner du sens au contrat entre salariés, employeurs et État.

Chacune des réformes proposées doit se faire dans un intérêt national et économique. Chaque fois qu'un élu a proposé une réforme ces dernières années, il y a eu un but électoral derrière. Dans un autre ouvrage, nous prendrons davantage de temps pour développer ce secteur qui doit également être réformé en priorité. Si l'entreprise, l'organisation du travail, le salaire, notre système de cotisations est au cœur de l'urgence, la constitution l'est tout autant. A travers ces ligne on peut voir qu'une ambition cohérente et juste permettrait aisément de proposer nouveau modèle social français, cohérent, lisible et puissant :

- Le CET-NG redonne de la liberté
- Le contrat à droits progressifs remet l'ancienneté au cœur,
- Le revenu travail+ restaure l'écart mérité entre effort et assistance,
- La retraite contributive valorise l'assiduité,
- La formation anticipée lutte contre l'usure professionnelle,
- La réforme du syndicalisme restaure l'équilibre démocratique.

Et surtout : toutes ces mesures s'articulent entre elles, dans une logique économique pro-travail, pro-responsabilité, et pro-France dont nous allons continuer l'argumentation dans le prochain chapitre autour d'un autre sujet crucial, l'industrie et l'économie Française dans les grandes lignes. En effet, si l'entreprise doit pouvoir offrir les garanties de travail aux salariés, il nous faut également repenser la place de notre écosystème national dans un économie mondialisée, pour ne pas dire globalisée.

Le modèle actuel subventionne l'inaction, punit l'effort, empile les normes, et crée de la défiance. Demain, notre modèle soutiendra ceux qui contribuent, qui veulent progresser, et qui respectent les règles. Il n'est pas question de casser les protections, il est question de les restaurer à ceux qui les méritent.

Hélène – Dirigeante d'entreprise, 52 ans (Isère)
« Je suis restée à 49 salariés pendant 5 ans. Dès qu'on approche des 50, tout le monde te dit : 'Attention, tu vas te prendre un mur'. Alors on stagne. »

Des échanges ont eu lieu à travers la France, auprès de personnes pour lesquelles des verbatims ont été proposé au fil de l'argumentation et très concrètement, voici ce que ces idées développées précédemment pourraient changer pour chacun :

1. Un salarié au SMIC à temps plein

Julien travaille dans la logistique. Il est payé au SMIC. Avec la réforme, il passe à 40h par semaine, dont 5h sont versées sur son Compte Épargne Temps Nouvelle Génération (CET-NG). Son salaire net maintenu, mais un temps est capitalisé chaque semaine.

Au bout de 2 ans, il a 60 jours de temps libre acquis, qu'il pourra utiliser pour :

- Prendre un congé sabbatique,
- Prolonger ses vacances,
- Se former ou reprendre des études,
- Se lancer dans une création d'entreprise sans perdre son emploi,
- Cumuler une activité dans une autre entreprise pour gagner plus d'argent

Il voit apparaître chaque mois sur sa fiche de paie :

- « Votre retraite estimée à ce jour : 1 045 €/mois »
- « Bonus assiduité retraite cette année : +137 € »

Grâce au mécanisme revenu travail+, il a l'assurance que son revenu net sera toujours supérieur d'au moins 20 % à celui d'un allocataire social à revenu équivalent.

2. Une mère célibataire en reconversion

Sophie est aide-soignante depuis 17 ans. Elle est usée physiquement et souhaite changer de métier, mais ne sait ni comment, ni à quel moment. La réforme reconnaît son ancienneté dans un métier éprouvant. Elle accède automatiquement à une passerelle prioritaire de reconversion. Elle peut se former au métier d'assistante médicale ou de gestionnaire d'accueil, formation intégralement financée, sans perte de revenu. Elle utilise 60 jours de CET-NG capitalisés pour suivre sa formation sereinement.

3. Un jeune sans expérience professionnelle

Moussa, 22 ans, n'a jamais travaillé, et vient d'être recruté comme serveur. Il est payé au SMIC avec cotisations sociales évolutives, ce qui permet à l'employeur de le salarier sans surcoût. Son CET-NG démarre dès le premier mois, sans condition d'ancienneté. Il épargne du temps même à bas niveau de salaire, et découvre sur sa fiche de paie ses droits sociaux en construction.

4. Un artisan ou chef de TPE

Franck dirige une petite entreprise de plomberie avec 4 salariés. Grâce à la baisse de charges sur les métiers en tension, il embauche un apprenti et un technicien en reconversion avec un coût du travail réduit. Il visualise clairement ce que coûte chaque embauche grâce à la fiche de paie simplifiée. Il sait qu'il n'aura plus à subir les grèves ou les arrêts abusifs : les règles sont claires, fermes et justes.

5. Un agent public confronté au syndicalisme bloquant

Claire est enseignante. Elle n'en peut plus des grèves à répétition imposées par sa hiérarchie syndicale. Désormais, tout mouvement de grève dans l'éducation devra être voté à bulletin secret par la majorité des enseignants. La durée maximale d'une grève est fixée à 7 jours, et aucun salaire ne sera compensé. Claire retrouve un cadre serein, où le débat d'idées n'empêche pas la continuité du service public.

6. Un salarié expérimenté dans un métier pénible

Bruno a 48 ans, il est maçon depuis 26 ans. Il n'en peut plus physiquement, mais ne souhaite pas être mis au rebut. Il bénéficie d'un droit à reconversion prioritaire, sans condition de diplôme, avec formation accélérée. Il choisit de devenir agent de conduite dans les transports publics de voyageurs. Il est recruté en priorité, à salaire équivalent.

7. Un chômeur de longue durée dans un secteur en tension

Fatima, 39 ans, est au chômage depuis 3 ans. Le secteur de l'aide à domicile est en crise. Elle est ciblée dans le plan de baisse de charges pour métiers en tension. Un employeur l'embauche grâce au coût du travail allégé, et elle suit une formation d'un mois. Elle bénéficie du revenu travail+ qui garantit que travailler est plus rentable que rester allocataire. Au bout d'un an, elle a cumulé des jours de CET-NG, et retrouve une dynamique.

Ce chapitre 1 pose les fondations d'un nouveau contrat entre la Nation, le travail et la contribution.

Il repose sur cinq principes structurants :

- Libérer le travail par la simplification radicale du Code et des cotisations,
- Valoriser l'effort par la retraite contributive, les droits à assiduité et la logique de mérite,
- Restituer du temps via le CET-NG, sans perdre de revenu ni d'opportunité,
- Sécuriser l'employeur en donnant un droit lisible, applicable et non manipulable,
- Responsabiliser chacun pour bâtir un système pérenne, juste et productif.

Pour ce faire, de nombreuses réformes doivent être menées :

- Réforme principale du code du travail sans casse,
- CET-NG (Compte Épargne Temps Nouvelle Génération) Réconcilier temps et travail +22 jours/an capitalisables sans perte de salaire,
- Contrat à droits progressifs Revaloriser l'ancienneté et éviter les abus Accès gradué aux droits selon la durée effective,
- Suppression des primes en cas d'absence pour récompenser le travail effectif au nom de l'équité salariale entre présents et absents
- Retraite contributive avec bonus d'assiduité pour un lien direct entre comportement et pension Jusqu'à +10 % de retraite pour assiduité exemplaire
- Revenu travail+ pour rendre le travail toujours plus rentable que l'inactivité +20 % de revenu minimum par rapport à l'allocation

- Formation reconversion prioritaire (20 ans de métier physique) afin de prévenir l'usure professionnelle et créer les passerelles automatiques vers des métiers dits moins pénibles
- Réforme du droit de grève dans les services publics pour garantir la continuité des services essentiels ; tout en plafonnant les grèves.

Travailler, c'est contribuer, contribuer, c'est pouvoir et pouvoir, c'est redevenir libre.

C'est le sens de ce projet France, **F**orce **R**épublicaine **A**mbitieuse pour la **N**ation, la **C**ompétitivité et l'**É**quité. Une force pour ceux qui agissent, une nation pour ceux qui construisent.

Chapitre 2 – Economie, compétitivité et souveraineté industrielle

Réarmer économiquement la France

Introduction

La France vit aujourd'hui dans l'illusion d'une économie qui fonctionnerait par la dépense plutôt que par la production. Depuis quarante ans, nous avons désinvesti dans l'industrie, sacrifié notre compétitivité sur l'autel du confort budgétaire, et délaissé notre autonomie stratégique au profit d'une intégration mondiale mal contrôlée. Les chiffres sont implacables.

En 2023, la France consacre 57,1 % de son PIB à la dépense publique, un record mondial, sans pour autant garantir ni la prospérité ni la souveraineté. La dette publique dépasse désormais 110 % du PIB, signe qu'une génération vit à crédit, sans marge de manœuvre face aux crises futures. Pendant ce temps, notre balance commerciale affiche un déficit de près de 100 milliards d'euros, reflet de notre dépendance chronique à ce que nous ne produisons plus.

Mais que signifie réellement ce "PIB" que l'on évoque à chaque ligne ?

Trop souvent confondu avec le budget de l'État, le Produit Intérieur Brut (PIB) est en réalité la somme des valeurs ajoutées produites sur le territoire en un an. Ce n'est pas un stock d'argent public, mais un flux de richesses créées par les entreprises, les artisans, les indépendants, les agriculteurs, les administrations, les salariés – bref, l'ensemble des acteurs économiques. C'est le baromètre de notre puissance productive.

Prenons une image simple : une baguette vendue 1,20 €. Si les matières premières, l'énergie et les frais représentent 0,70 €, alors la valeur ajoutée est de 0,50 €. Cette somme paiera les salaires, les cotisations, les charges, les impôts… et peut-être un bénéfice. Le PIB national est la somme de toutes ces valeurs ajoutées individuelles.

Les fonctionnaires y contribuent également : leurs services, bien qu'ils ne soient pas vendus, sont comptabilisés à hauteur de leur coût. Cette méthode souligne une vérité essentielle : si le secteur public participe au PIB, il ne crée pas de richesse marchande. Il vit donc indirectement de la richesse créée par le privé. L'équilibre repose sur cette interaction saine entre production et redistribution, pas sur l'illusion d'une dépense infinie.

Or aujourd'hui, cette création de valeur est insuffisante. Le PIB stagne (+0,9 % en 2023), sans gains de productivité réels. Le taux de marge des entreprises françaises reste l'un des plus faibles d'Europe, ce qui limite leur capacité à investir, à innover, à exporter. La part de l'industrie dans notre PIB est tombée à 10,3 %, contre 17,4 % en Allemagne. Moins de 3 % des entreprises françaises exportent.

Cette désindustrialisation n'est pas un accident : c'est une faute stratégique.

Car l'industrie est le cœur de la puissance économique. Elle crée de la valeur ajoutée, alimente l'exportation, tire l'innovation, génère des emplois indirects, soutient la balance commerciale, et fonde la souveraineté nationale. Sans industrie, il n'y a ni technologie de rupture, ni sécurité énergétique, ni autonomie stratégique. Une nation sans usine devient un simple marché pour les autres. Elle perd son rang.

Même l'innovation, qui aurait pu compenser ce repli, s'effrite : nos dépenses de R&D industrielle plafonnent à 0,8 % du PIB, quand la Corée du Sud y consacre plus de 2,4 %. L'épargne des ménages, pourtant élevée (près de 18 %), est mal orientée : trop peu va vers l'économie productive. Les PME restent sous-capitalisées, les filières stratégiques sont souvent aux mains d'intérêts étrangers, et notre dépendance numérique ou énergétique devient un risque systémique.

À cela s'ajoute un facteur décisif, la balance commerciale.

Un pays qui exporte plus qu'il n'importe dégage un excédent commercial. Ce surplus signifie qu'il produit plus qu'il ne consomme, qu'il attire des devises étrangères, et donc qu'il renforce sa monnaie, sa crédibilité économique, et sa capacité à investir. À l'inverse, un déficit commercial chronique traduit une perte de compétitivité, une désindustrialisation rampante, et une dépendance stratégique. Même en zone euro, où la monnaie est partagée, un pays déficitaire comme la France devient tributaire du dynamisme des autres. Ce déficit affaiblit son poids dans les décisions européennes, et limite sa capacité d'influence.

En clair : une balance commerciale excédentaire est le signe d'une économie saine, compétitive, productive, et capable de financer son modèle social sans dépendre d'un endettement permanent. C'est un facteur direct de souveraineté.

La situation actuelle n'est pas conjoncturelle, elle est structurelle. Elle résulte d'un empilement de choix qui ont privilégié le court terme, le social sans le productif, le tertiaire sans l'industrie, la dépense sans la richesse. Or il n'y a pas de modèle social viable sans économie puissante pour le financer durablement. C'est pourquoi il faut penser l'économie nationale comme un PDG pense son entreprise. Fixer des objectifs. Suivre des indicateurs. Rendre des comptes. Et surtout, récompenser les efforts collectifs quand les résultats sont au rendez-vous. C'est tout le sens du PACTE FRANCE :

Le Fonds de Responsabilité de l'Action Nationale Citoyenne sur l'Économie, calqué sur le modèle de l'intéressement dans l'entreprise est proposé.
Ce pacte doit pouvoir proposer un contrat d'objectifs national sur 5 ans et être soumis au vote des Français. Chaque année, un bilan doit être réalisé. Si les indicateurs économiques et sociaux sont atteints (réduction des arrêts maladie injustifiés, amélioration de la productivité, excédents commerciaux dans les filières clés…), une redistribution collective doit avoir lieu : baisse d'impôts, dividende citoyen, primes au mérite public, soutien aux PME vertueuses… Chaque citoyen, chaque agent économique, sera à la fois acteur et bénéficiaire du redressement.
Ce chapitre vise à refonder l'économie française sur des bases productives, solides et stratégiques. L'objectif est triple :

- Créer un choc de production pour relancer la richesse réelle ;
- Réindustrialiser massivement les territoires, en ciblant les filières d'avenir et les zones délaissées ;
- Faire de l'investissement, de l'innovation et de l'exportation les piliers d'un capitalisme français du XXIe siècle.

Cela suppose de sortir des logiques comptables de Bercy pour retrouver une vision de long terme, où la dépense publique prépare l'avenir au lieu de financer l'inaction. Cela implique aussi de protéger nos entreprises contre le dumping, les logiques de rente et la prédation des fonds étrangers. Enfin, cela nécessite de remettre les territoires productifs au centre du jeu économique, pour restaurer la cohésion nationale par l'activité.

À l'instar du chapitre précédent, c'est à travers un diagnostic lucide et des propositions ambitieuses que ce chapitre II trace le chemin d'un réarmement économique nécessaire, crédible, et porteur d'avenir. Car sans puissance économique, il n'y a ni indépendance politique, ni justice sociale durable, ni respect international.

I - Diagnostic approfondi

A – Les chiffres clés

Avant d'agir, il faut comprendre. Chaque chiffre qui suit n'est pas qu'un indicateur : c'est un symptôme du modèle économique français, et un levier pour le transformer.

Production & richesse

Indicateur	Définition	Valeur actuelle
PIB (Produit Intérieur Brut)	Valeur totale des biens et services produits sur le territoire	2 822,5 Mds EUR (2023)
Croissance du PIB	Taux de variation annuel du PIB	+0,9 % (2023)
PIB par habitant	Richesse produite par habitant	41 500 EUR (2023)
Part de l'industrie dans le PIB	Contribution de l'industrie manufacturière a la richesse nationale	10,3 % (2023)
Productivité horaire du travail	Valeur ajoutée par heure travaillée	58,6 EUR/h (2023)

Emploi & travail

Indicateur	Définition	Valeur actuelle
Taux de chômage	Part des actifs sans emploi	7,4 % (T1 2025)
Taux d'emploi	Part des personnes en âge de travailler ayant un emploi	68,9 % (T4 2024)
Taux d'activité	Part des 15-64 ans actifs (en emploi ou en recherche)	74,6 % (T4 2024)
Heures travaillées par an	Durée moyenne annuelle travaillée par personne	1 510 h/an (2023)
Part des jeunes NEET	Jeunes 15-29 ans ni en emploi, ni en études, ni en formation	12,2 % (2023)

Revenus & salaires

Indicateur	Définition	Valeur actuelle
Salaire brut moyen	Rémunération mensuelle moyenne avant charges	3 200 EUR/mois (2023)
Salaire net médian	Salaire qui partage la population salariée en deux	1 940 EUR/mois (2023)
Taux d'épargne des ménages	Part du revenu disponible non consommée	17,9 % (T4 2023)
Consommation des ménages	Montant total des dépenses des ménages	1 310 Mds EUR (2023)
Inflation (IPCH)	Hausse annuelle des prix à la consommation	4,9 % (2023)

Dépense publique et investissement

Indicateur	Définition	Valeur actuelle
Balance commerciale	Différence entre exportations et importations de biens	-98 Mds EUR (2023)
Balance courante	Solde des échanges de biens, services, revenus et transferts	-1,5 % du PIB (2023)
Nombre d'exportateurs	Entreprises françaises actives à l'international	125 000 (2023)
Cout horaire du travail	Rémunération + charges par heure travaillée	41,6 EUR/h (2023)
Taux de change EUR/USD	Parité monétaire avec le dollar américain	1,08 (moyenne 2023)

Compétitivité & commerce extérieur

Indicateur	Definition	Valeur actuelle
Depenses publiques	Montant total des depenses de lEtat et des administrations	1 600 Mds EUR (2023)
Deficit public	Ecart entre les recettes et les depenses publiques	5,5 % du PIB (2023)
Dette publique	Ensemble des emprunts de lEtat et des administrations	110,6 % du PIB (2023)
Recettes fiscales	Total des impots collectes par l'Etat	460 Mds EUR (2023)
Prelevements obligatoires	Impôts et cotisations sociales rapportes au PIB	43,5 % (2023)

Innovation & investissement

Indicateur	Définition	Valeur actuelle
Dépenses globales de R&D	Part du PIB consacrée à la recherche publique et privée	2,2 % du PIB (2023)
Dépenses de R&D industrielle	Part de l'industrie dans l'effort de recherche	0,8 % du PIB (2023)
Taux d'investissement des entreprises	Part du PIB réinvestie par les entreprises	24,1 % (2023)
Taux d'endettement des entreprises	Dette sur valeur ajoutée	139 % (2023)
Créations d'entreprises	Nouvelles entreprises créées sur l'année	1,05 million (2023)

Voici les grands marqueurs qui révèlent les déséquilibres profonds de notre économie.

Année	Part Indus / PIB	Balance commerciale	Tx Invest / PIB	Tx marge Entreprise	Nb Entr export	Dép publique / PIB	Endetmt public	Entr fermée	Dep R&D / PIB
1980	23%	3	17,50%	38%	60 000	46%	21%	0	1,10%
1990	20,50%	10	16,20%	36,50%	70 000	49%	34%	200	1%
1995	18,70%	20	15,50%	35%	80 000	50,50%	54%	350	0,95%
2000	16,20%	7	14,30%	34,50%	95 000	51,20%	58%	600	0,92%
2005	14%	-26	13,20%	32%	100 000	52,50%	66%	900	0,90%
2010	12,50%	-51	12,10%	31,20%	110 000	55,60%	85%	1 200	0,87%
2015	11,10%	-45	11,70%	30,80%	117 000	56,50%	96%	1 500	0,84%
2020	10,50%	-65	11,20%	31%	125 000	57%	112%	1 700	0,80%

Pourquoi regarder ces chiffres :

1. Part de l'industrie dans le PIB

Parce que l'industrie est le cœur d'une économie souveraine. Elle exporte, innove, emploie, irrigue les territoires et tire toute la chaîne de valeur :

- Evolution: de 23 % (1980) → 10,5 % (2020)
- France 2023: 10,3 % vs Allemagne: 17,4 %

La France est devenue une économie post-industrielle, trop dépendante de la consommation et des services. Ce recul structurel explique la perte de compétitivité, le chômage industriel, et le déclin de certains territoires. Chute de plus de 12 points en 40 ans, particulièrement marquée entre 1980–2005. Cette baisse n'est pas un simple effet de la modernisation économique : c'est un affaiblissement structurel de notre base productive. En parallèle, le poids des services a explosé, mais sans gains de souveraineté ni de valeur stratégique. Le recul de l'industrie entraîne mécaniquement la dégradation de la balance commerciale (point 2), la concentration géographique (point 9), et la perte de marge des entreprises (point 4). Ce décrochage s'est accéléré après la fin des grands plans industriels de l'État et la vague de privatisations des années 1990–2000.

2. Balance commerciale

Parce qu'il mesure la capacité d'un pays à produire ce qu'il consomme, et à vendre au monde. Un déficit = dépendance:

- 1980: +3 Mds € → 2023: –98 Mds €
- Italie: +33 Mds €, Allemagne: +92 Mds €

La France importe ce qu'elle ne produit plus. Elle a abandonné des filières entières (textile, électronique, composants), ce qui creuse un déséquilibre majeur et affaiblit l'euro, l'emploi, et la souveraineté logistique. Le solde devient négatif à partir de 2005, et se creuse fortement dès 2010. La France est passée d'une nation exportatrice à un pays massivement importateur. Cette évolution est corrélée à la désindustrialisation (point 1) et à la disparition des capacités de production dans des secteurs clés (textile, électronique, outillage, etc.). Le tissu productif restant est trop faible pour compenser la demande intérieure. Le déficit se concentre sur des filières qu'on aurait pu relocaliser, si l'investissement productif (point 3) et l'innovation (point 10) avaient été soutenus.

3. Taux d'investissement productif dans le PIB

Parce qu'il indique si l'on prépare l'avenir ou si l'on consomme le présent. Sans investissement, pas de modernisation, pas d'indépendance.

- 1980: 17,5 % → 2020: 11,2 %
- Part publique utile à la production : <3 %

La dépense publique française est massive mais mal orientée. Elle entretient le système, mais ne le transforme pas. Résultat : usines vieillissantes, fuite de capitaux, désincitation à innover. L'effondrement est lent mais constant, avec une accélération après la crise de 2008. Moins d'investissements productifs, c'est moins de modernisation, moins d'autonomie stratégique et moins d'emplois industriels. Le capital se déplace vers des secteurs rentiers (immobilier, plateformes, dette publique). Cette tendance explique en partie le recul de la R&D (point 10), la stagnation du tissu exportateur (point 5), et l'enlisement dans une économie de redistribution plutôt que de création.

4. Taux de marge des entreprises

Parce qu'une entreprise qui ne dégage pas de marge n'investit pas, n'embauche pas, ne résiste pas aux crises.

- 1980: 38 % → 2020: 31 %
- Allemagne: 45 %, USA: 50 %+

La faiblesse des marges freine tout : innovation, export, automatisation. Ce chiffre est aussi le reflet d'un système fiscal et social trop rigide, qui pénalise les producteurs. La rentabilité des entreprises françaises est restée faible pendant deux décennies. Ce manque de marge réduit leur capacité à investir, innover et exporter. En cause : charges élevées, complexité administrative, instabilité fiscale, mais aussi une productivité moindre due à la désorganisation des chaînes de valeur. Cette faiblesse se conjugue à la faible capacité d'export (point 5) et à une dépendance croissante à l'aide publique (point 6).

5. Nombre d'entreprises exportatrices

Parce qu'il montre la capacité d'un tissu productif à rayonner au-delà des frontières.

- 1980: ~60 000 → 2020: ~125 000
- Soit seulement 3 % des entreprises (vs 8 % en Allemagne)

Le tissu économique français est trop autocentré, sans projection mondiale. La faible culture export explique aussi l'atonie de l'investissement productif et la dépendance à la demande intérieure. La hausse est modeste et inférieure à la croissance du nombre total d'entreprises. Cette stagnation relative masque une réalité préoccupante : moins de 3 % des entreprises françaises exportent, contre près de 8 % en Allemagne. L'industrie étant le principal levier d'exportation, son recul (point 1) et la concentration des sites (point 9) rendent l'économie française trop centrée sur son marché intérieur. Le faible taux d'export limite aussi les gains de productivité, la visibilité internationale, et la robustesse en cas de crise.

6. Poids de la dépense publique dans le PIB

Parce qu'une dépense publique excessive asphyxie le privé, surtout quand elle finance des coûts récurrents et non des investissements.

- 1980: 46 % → 2020: 57 %

- Moyenne OCDE: 43 %

Le modèle français est déséquilibré : trop d'aides, pas assez de production. Cette tendance aggrave la dette et empêche de financer des politiques industrielles fortes. Le niveau de dépense publique n'a cessé d'augmenter, sans effet structurant sur l'économie réelle. Une large part de cette dépense finance des transferts sociaux ou des dépenses de fonctionnement, au détriment de l'investissement productif (point 3). L'État est devenu un moteur budgétaire de court terme, pas un architecte stratégique de long terme. Cette dérive aggrave l'endettement (point 7), sans résoudre le déclin industriel.

7. Endettement public

Parce que la dette limite notre liberté d'action. Un pays endetté est un pays vulnérable, surtout quand il n'a pas d'industrie forte pour compenser.

- 1980: 21 % → 2020: 112 %

La France s'endette pour compenser ses faiblesses structurelles, pas pour bâtir des forces. Cela restreint notre souveraineté budgétaire et compromet toute relance stratégique. Cette dette ne finance pas l'avenir : elle alimente le présent. L'endettement a basculé vers le récurrent : aides, retraites, compensations, etc. Or, sans base productive solide et sans marges d'exportation (points 1, 2), la dette devient un piège. Elle rend l'État dépendant des marchés financiers, incapable de réagir aux crises industrielles ou géopolitiques.

8. Fermetures d'usines

Parce qu'il mesure le tissu industriel réel, au-delà des discours. Une usine fermée, c'est une filière qui s'effondre.

- 1 700 fermetures nettes depuis 1980
- Accélération brutale entre 2000 et 2010

Le cœur industriel de la France s'est vidé. Et avec lui, des milliers d'emplois, des sous-traitants, des savoir-faire. Ce déclin impacte aussi les territoires, la formation professionnelle… Accélération forte entre 2000 et 2010, en lien avec les délocalisations massives. Derrière ces fermetures, il y a des bassins d'emplois anéantis, des savoir-faire perdus, des familles précarisées. Ce mouvement a coïncidé avec la montée en puissance de la Chine sur les chaînes de valeur, et le désengagement progressif de l'État productif. Ces pertes alimentent le déficit commercial (point 2), la désagrégation des territoires (point 9), et une perte de confiance massive dans l'économie nationale.

9. Concentration géographique de l'industrie

Parce qu'une industrie concentrée = territoires abandonnés. Cela alimente le ressentiment, le repli, et la désindustrialisation périphérique.

- 1980 : 60 % de la valeur ajoutée dans 5 régions
- 2020: 75 %

Le redéploiement industriel n'a pas eu lieu. On a perdu l'ancrage local de la production, ce qui creuse la fracture territoriale, le chômage régional, et la dépendance logistique. Les régions industrielles historiques (Nord, Lorraine, Centre, Massif central) ont été délaissées. Seules quelques métropoles tirent leur épingle du jeu, souvent grâce à des filiales étrangères ou à la sous-traitance tertiaire. Cette concentration alimente les inégalités territoriales, et affaiblit la résilience logistique et énergétique du pays.

10. Dépenses de R&D industrielle

Parce qu'une nation qui ne cherche plus ne trouve plus rien. Sans recherche, pas d'avenir technologique.

- 1980: 1,1 % du PIB → 2020: 0,8 %
- Corée du Sud: 2,4 %, Allemagne: 1,5 %

La France abandonne ses capacités d'innovation industrielle. Cela freine la relocalisation, la montée en gamme, la compétitivité des salaires. Et cela nous expose aux dépendances technologiques. Tendance à la baisse continue, avec perte de leadership technologique. Ce recul empêche toute montée en gamme, toute réinvention industrielle. La France ne prépare plus son avenir technologique, au moment où l'IA, la robotique, l'automatisation redéfinissent les chaînes de production mondiales. Cette carence bloque aussi la création d'emplois qualifiés, la sécurisation des brevets, et la souveraineté numérique.

B – Forces, faiblesse, opportunités, menaces

Avant d'agir, il faut comprendre, à l'instar du premier thème du travail, voici une analyse de ce qui fonctionne, ce qui ne fonctionne pas, ce qu'il faudrait envisager et ce contre quoi se prémunir. Chaque chiffre qui suit n'est pas qu'un indicateur, c'est un symptôme du modèle économique français, et un levier pour le transformer.

1. Forces

- Puissance agricole majeure : premier producteur européen.
- Leader mondial du luxe et de la cosmétique.
- Infrastructures logistiques et transports très développées (routes, TGV, ports).
- Grandes entreprises internationales leaders dans l'énergie et les services (EDF, Total, Engie).
- R&D publique de haut niveau (CEA, CNRS).
- Réseau dense de pôles de compétitivité régionaux.
- Positionnement géographique stratégique au cœur de l'Europe.
- Taux d'investissement des entreprises relativement élevé (24,1 % du PIB).
- Qualité élevée des diplômes d'ingénieurs reconnus mondialement.
- Attractivité touristique exceptionnelle : leader mondial du tourisme.
- Forte capacité d'épargne des ménages (17,9 %).
- Important vivier de startups innovantes (French Tech).

Des fondations solides et un potentiel d'innovation intact

L'économie française repose sur plusieurs piliers structurels qui en font encore aujourd'hui l'un des grands acteurs économiques mondiaux. L'un des principaux atouts réside dans la diversité et la puissance de ses secteurs d'excellence, en particulier dans le luxe, la cosmétique, l'énergie et les services industriels à forte valeur ajoutée. Ces filières concentrent un savoir-faire historique, des marques mondialement reconnues, ainsi qu'une capacité d'exportation significative, même en contexte de crise.

Par ailleurs, la France dispose d'un réseau logistique très performant, incluant l'un des meilleurs systèmes ferroviaires au monde (TGV), des aéroports internationaux bien connectés et des infrastructures portuaires d'importance (Le Havre, Marseille, Dunkerque). Cet avantage logistique permet une fluidité des échanges de biens sur le territoire national et vers l'extérieur, et constitue un levier pour l'implantation industrielle.

Le pays se distingue aussi par une main-d'œuvre qualifiée, notamment dans les domaines scientifiques, technologiques et d'ingénierie. Les écoles d'ingénieurs françaises jouissent d'une réputation internationale, et les diplômés y sont compétitifs en termes de compétences, d'adaptabilité et de créativité. Cette base de capital humain favorise le développement de startups innovantes, en particulier dans les domaines de la deeptech, de la fintech ou de la santé numérique. La dynamique de la French Tech est un signal positif, tant en termes de création de valeur que d'attractivité des talents.

En matière de capacité d'investissement, la France reste à un bon niveau : les entreprises réinvestissent environ 24,1 % du PIB, un taux élevé en comparaison européenne. Ce dynamisme est renforcé par une épargne nationale abondante (taux d'épargne des ménages à 17,9 %), ce qui ouvre des possibilités pour mobiliser des ressources internes en faveur de projets de long terme.

Enfin, la présence de grands acteurs publics de la recherche (CNRS, CEA, INRIA) constitue un socle d'innovation puissant, en particulier lorsqu'il est mieux articulé avec les besoins du secteur privé. Cet écosystème scientifique robuste, combiné à un réseau dense de pôles de compétitivité régionaux, permet encore d'envisager des stratégies industrielles ambitieuses à condition de lever les freins structurels.

2. Faiblesses

- Déficit chronique de la balance commerciale (-98 Mds EUR en 2023).
- Faible nombre d'entreprises exportatrices (seulement 125 000).
- Dette publique élevée (110,6 % du PIB).
- Coût horaire du travail élevé (41,6 EUR/h).
- Part industrielle dans le PIB inférieure aux pays concurrents (10,3 %).
- Faible taux de dépenses en R&D industrielle privée (0,8 % du PIB).

- Inflation durablement élevée (4,9 %).
- Dépendance énergétique forte vis-à-vis des importations.
- Manque de PME industrielles intermédiaires (ETI).
- Complexité administrative décourageante pour investisseurs étrangers.
- Fiscalité sur les entreprises instable et lourde (prélèvements obligatoires : 43,5 % PIB).
- Sous-investissement chronique dans les infrastructures de production industrielle.

Des déséquilibres structurels persistants et un modèle fiscal pénalisant

Malgré ses atouts, l'économie française souffre de plusieurs déséquilibres structurels récurrents qui limitent son potentiel de rebond. Le plus emblématique est la dégradation chronique de la balance commerciale, qui atteint -98 milliards d'euros en 2023. Ce déficit résulte d'un double phénomène : la perte de compétitivité à l'exportation et une dépendance accrue aux importations de produits à haute valeur ajoutée, en particulier technologiques. La France ne parvient pas à maintenir un tissu d'entreprises exportatrices suffisamment dense et pérenne : seulement 125 000 entreprises sont actives à l'international, contre près du double en Allemagne.

La part de l'industrie dans le PIB reste faible (10,3 %), bien en dessous de la moyenne européenne et très loin derrière les pays leaders comme l'Allemagne ou la Suède. Cette désindustrialisation, amorcée dans les années 1980 et jamais inversée, affaiblit la résilience de l'économie et la capacité à créer des emplois durables. Elle s'accompagne d'un sous-investissement chronique dans l'outil de production, avec des équipements obsolètes dans de nombreux secteurs et une faible modernisation technologique dans les PME.

Le coût du travail, parmi les plus élevés d'Europe (41,6 EUR/h), reste un obstacle majeur à la compétitivité, notamment dans les secteurs à faible marge ou à forte intensité de main-d'œuvre. Combiné à une fiscalité instable et lourde (prélèvements obligatoires à 43,5 % du PIB), cela contribue à un climat défavorable à l'investissement productif de long terme, en particulier pour les PME industrielles. Les réformes successives, souvent mal coordonnées, ont abouti à une complexité normative qui pénalise les entreprises, en particulier les plus petites, confrontées à une administration coûteuse et chronophage.

À cela s'ajoute une dépendance technologique étrangère persistante, notamment dans les composants électroniques, les logiciels industriels, et les équipements de pointe. La France est régulièrement contrainte d'importer des technologies essentielles, y compris dans les filières stratégiques. Enfin, le niveau élevé de dette publique (110,6 % du PIB) réduit fortement la capacité de l'État à investir ou à soutenir l'économie industrielle sans creuser encore le déficit public.

3. Opportunités

- Développement accéléré de l'économie circulaire et durable.
- Montée en puissance de l'industrie numérique et IA (Industrie 6.0).
- Relocalisation stratégique favorisée par les crises internationales récentes.
- Élargissement massif du marché des véhicules électriques et batteries associées.
- Fonds souverain stratégique pour protéger les entreprises sensibles.
- Simplification radicale de l'environnement administratif (fusion URSSAF-DGFIP).
- Potentiel de croissance de l'économie de l'hydrogène et des énergies renouvelables.
- Développement des biotechnologies et de la santé personnalisée.
- Innovation dans les industries agroalimentaires à haute valeur ajoutée.
- Dynamisation des territoires ruraux par l'industrie coopérative.
- Forte demande internationale pour le luxe durable et responsable.
- Opportunités offertes par le vieillissement démographique (silver économie).

Une fenêtre historique pour relancer l'industrie et gagner en souveraineté

La période actuelle ouvre néanmoins une fenêtre stratégique rare pour reconstruire une économie plus souveraine, plus compétitive et mieux répartie sur le territoire. Le mouvement mondial de relocalisation des chaînes de valeur offre une opportunité majeure pour rapatrier certaines productions critiques (électronique, santé, composants industriels) et reconstituer un tissu productif national. La condition clé réside dans la mise en place d'une fiscalité incitative, lisible et ciblée, qui récompense les investissements productifs plutôt que les montages financiers.

La transition vers une économie bas-carbone oblige les États à repenser leurs modèles industriels. La France peut devenir un acteur moteur de cette transformation si elle investit massivement dans les énergies décarbonées, la filière hydrogène, la mobilité propre, et les procédés industriels à faible empreinte. Dans ce cadre, le concept d'Industrie 6.0, qui intègre la régulation intelligente par l'IA, la durabilité écologique et la souveraineté numérique, peut devenir un axe d'excellence française si la stratégie est claire, soutenue et dotée.

L'industrie agroalimentaire, qui reste stratégique pour la sécurité nationale et la balance commerciale, peut jouer un rôle moteur si elle monte en gamme, s'appuie sur les circuits courts, et développe des produits à haute valeur ajoutée nutritionnelle ou technologique. De même, le secteur de la santé et des biotechnologies offre des relais de croissance, en lien avec le vieillissement de la population et la montée des besoins personnalisés.

La digitalisation, les startups industrielles, et les technologies de rupture (IA, robotique, jumeaux numériques) peuvent enfin déclencher un nouveau cycle industriel si elles sont adossées à une vraie politique d'État et à un financement orienté vers la production réelle. En complément, la création d'un livret d'épargne industrielle défiscalisé, soutenu par l'État, pourrait canaliser une partie de l'épargne nationale vers ces secteurs d'avenir.

4. Menaces

- Accélération du décrochage industriel face à l'Allemagne et l'Asie.
- Risque accru d'OPA hostiles sur les entreprises stratégiques françaises.
- Dépendance excessive vis-à-vis de fournisseurs extra-européens (Chine, États-Unis).
- Retard dans l'adoption des nouvelles technologies (robotique, industrie 4.0).
- Fractures territoriales renforcées (métropoles vs périphérie).

- Pression accrue des normes européennes environnementales sur les coûts industriels.
- Compétition accrue pour attirer les talents technologiques internationaux.
- Fragilité des chaînes logistiques mondiales affectant la production nationale.
- Concurrence agressive des pays émergents (Inde, Vietnam, Turquie).
- Risque d'instabilité financière mondiale (remontée brutale des taux d'intérêt).
- Cybermenaces accrues pesant sur les industries numériques françaises.
- Vieillissement accéléré de l'outil industriel existant nécessitant investissements urgents.

Dépendances externes, pression concurrentielle et fragilités internes

Face à ces opportunités, la France doit aussi faire face à de nombreuses menaces économiques. La pression concurrentielle mondiale s'accentue, en particulier de la part des économies émergentes comme l'Inde, le Vietnam ou la Turquie, qui combinent bas coûts et montée en gamme technologique. Dans l'Union européenne même, certains pays offrent un cadre plus attractif pour les investisseurs (Irlande, Pays-Bas, Estonie), au détriment du tissu productif français.

L'un des risques les plus critiques concerne la perte de contrôle sur les actifs stratégiques. Plusieurs grandes entreprises industrielles ou technologiques françaises ont fait l'objet de rachats étrangers dans les dix dernières années, parfois au détriment de l'emploi ou de l'innovation nationale. Sans politique de filtrage renforcée ou sans fonds souverain protecteur, la France pourrait continuer à voir son patrimoine industriel se dissoudre.

Les chaînes d'approvisionnement mondiales, de plus en plus exposées aux crises géopolitiques, climatiques ou sanitaires, constituent une autre menace. La dépendance vis-à-vis de certains pays-clés (notamment la Chine pour les composants, les États-Unis pour le numérique) fragilise la continuité de production et expose l'économie à des ruptures systémiques.

Sur le plan interne, la fragmentation territoriale s'accentue. Tandis que certaines métropoles captent les investissements et les talents, de vastes zones rurales et périurbaines s'enfoncent dans la désindustrialisation, le chômage ou la perte d'attractivité. Ce déséquilibre alimente non seulement une inefficacité économique mais aussi une fragilité sociale et politique.

Enfin, la transition technologique elle-même constitue une menace si elle est mal accompagnée : le retard en robotisation ou en adoption des outils numériques dans les PME pourrait générer une perte de compétitivité structurelle, et creuser l'écart avec les pays les plus avancés. L'inaction ou la gestion à court terme conduiraient, à terme, à un décrochage irréversible.

En conclusion, nous pouvons parler d'un socle solide mais déséquilibré, appelant une reconquête industrielle ciblée. L'analyse de l'économie française révèle un paradoxe stratégique. En effet, le pays dispose d'atouts considérables (productivité horaire, capacité d'épargne, infrastructures, ingénierie), mais ces forces sont contrebalancées par des fragilités structurelles qui minent la performance économique globale : déficit commercial chronique, fiscalité dissuasive, dette publique élevée, faible intensité technologique dans l'industrie.

Le potentiel est là, mais il reste sous-exploité ou mal orienté. La France a laissé s'installer une forme de dépendance systémique à l'égard des importations, des technologies étrangères, et des normes extérieures. Elle a également perdu le lien entre l'effort productif, la création de richesse nationale, et la reconnaissance économique.

Les opportunités identifiées (réindustrialisation verte, relocalisations, épargne productive, innovation souveraine) supposent un changement complet de doctrine économique : plus interventionniste, plus ciblée, plus incitative. La France doit reconstruire une économie fondée sur des filières stratégiques, un capitalisme productif, et une logique de compétitivité long terme, sans céder à la facilité des politiques de rattrapage conjoncturel.

La prochaine partie proposera cette doctrine nouvelle, à travers un Pacte industriel clair, un pilotage renforcé, et une mise en cohérence des moyens avec les ambitions.

C – Analyse PESTEL

P – Politique

Un État stratégique affaibli par l'absence de doctrine industrielle claire

La France bénéficie d'une stabilité institutionnelle précieuse et d'un État historiquement capable d'intervenir dans l'économie. Pourtant, ces capacités sont aujourd'hui sous-utilisées. La politique industrielle a souffert de décennies d'hésitation, de renoncements successifs et d'absence de doctrine stratégique claire. Les outils publics d'accompagnement économique (Bpifrance, plan France 2030, Commissariat au plan) sont nombreux mais peu coordonnés, parfois mal articulés entre eux, et rarement adossés à un calendrier contraignant ni à des objectifs vérifiables.

La dépendance croissante aux règles européennes, en matière d'aides d'État, de fiscalité, de normes environnementales, limite la souveraineté économique. La France ne dispose pas, à ce jour, d'un véritable dispositif de sécurité économique permettant de bloquer ou encadrer efficacement les rachats étrangers d'entreprises stratégiques. L'absence de doctrine économique forte se traduit par des politiques souvent réactives, dispersées et de court terme, loin d'un cap de puissance industrielle.

- Cadre institutionnel stable, mais lenteur décisionnelle sur les réformes structurelles.
- Politique industrielle insuffisamment pilotée à l'échelle nationale depuis 20 ans.
- Dépendance excessive aux décisions européennes (réglementation, aides d'État, fiscalité).
- Absence de stratégie souveraine de long terme.
- Interventionnisme ponctuel sans cohérence sectorielle (ex : subventions sans contrepartie).
- Influence croissante des lobbys financiers sur les politiques économiques nationales.
- Érosion de la crédibilité internationale de la France sur les questions industrielles.
- Faible culture du pilotage par les résultats dans la politique économique.

- Délégation excessive aux agences et opérateurs publics (Bpifrance, ADEME, etc.), sans contrôle stratégique clair.
- Absence d'une doctrine française de sécurité économique (protections anti-OPA limitées).

E – Économique

Une base productive fragilisée, un potentiel d'investissement sous-exploité

L'économie française repose sur une consommation intérieure robuste, mais sa base productive est structurellement affaiblie. La dette publique (110,6 % du PIB) et le déficit annuel (5,5 %) limitent les marges d'action budgétaires. Dans le même temps, la France souffre d'un coût du travail élevé (41,6 €/h) et d'une fiscalité peu lisible et instable, ce qui réduit son attractivité pour les investisseurs industriels.

Malgré cela, la capacité d'épargne des ménages (17,9 %) et le taux d'investissement des entreprises (24,1 % du PIB) témoignent d'un gisement financier disponible. Mais cette épargne est trop souvent orientée vers des placements non productifs (immobilier, dettes publiques) plutôt que vers des investissements industriels ou technologiques. Le tissu économique français est déséquilibré, peu de grandes entreprises industrielles, trop peu d'ETI dynamiques, et des PME sous-capitalisées souvent enfermées dans des marchés locaux. L'enjeu est donc d'orienter les flux financiers vers l'économie réelle productive, grâce à des incitations fortes et une fiscalité stable.

- Déficit public chronique (5,5 % du PIB) et dette publique élevée (110,6 % du PIB).
- Balance commerciale déficitaire depuis plus de 20 ans (-98 Mds EUR en 2023).
- Coût du travail parmi les plus élevés de l'OCDE (41,6 EUR/h).
- Faible nombre d'entreprises exportatrices et dépendance aux importations.
- Part de l'industrie dans le PIB en baisse continue (10,3 % en 2023).
- Faible mobilisation de l'épargne vers l'industrie productive.
- Système fiscal instable, illisible et peu incitatif à l'investissement de long terme.
- Risque de désengagement industriel dans les zones rurales ou fragiles.

- Sous-capitalisation chronique des PME industrielles françaises.
- Rigidité des modèles bancaires classiques pour financer l'innovation ou les outils productifs.

S – Social

Une fracture territoriale croissante et un affaiblissement du lien social productif

Le paysage social français est marqué par un clivage croissant entre métropoles et territoires en déclin. Les grandes agglomérations attirent les investissements, les talents et l'innovation, tandis que les zones industrielles délaissées cumulent chômage, perte d'attractivité et défiance envers les institutions. Cette fracture alimente un sentiment d'injustice économique et sociale.

L'industrie souffre par ailleurs d'un déficit d'image, perçue comme dure, peu valorisante, et en inadéquation avec les aspirations des jeunes générations, notamment féminines. Le système éducatif valorise peu les filières techniques, et l'apprentissage reste sous-développé malgré les efforts récents. La formation continue est inadaptée aux besoins des PME, et les dispositifs publics manquent de réactivité. Plus globalement, la société française a perdu le lien entre effort productif, réussite collective et reconnaissance sociale. Restaurer ce lien est indispensable pour réussir une politique industrielle durable et inclusive.

- Fractures territoriales croissantes : zones désindustrialisées vs métropoles dynamiques.
- Faible reconnaissance sociale de l'entrepreneur industriel en France.
- Montée du sentiment d'abandon dans les bassins d'emploi en déclin.
- Méfiance culturelle vis-à-vis du profit productif, souvent confondu avec spéculation.
- Attentes croissantes en matière de sens du travail et d'impact environnemental.
- Faible attractivité des métiers industriels auprès des jeunes.
- Déficit de formation continue dans les TPE/PME industrielles.
- Difficultés d'accès au logement pour les salariés dans les zones économiques tendues.

- Tensions sociales autour de la réforme de la fiscalité des entreprises.
- Déconnexion croissante entre décisions économiques nationales et réalités locales.

T – Technologique

Un retard d'équipement masqué par quelques pôles d'excellence

Si la France dispose de pôles d'excellence mondialement reconnus (aéronautique, défense, nucléaire, santé), ces succès ne doivent pas masquer une réalité plus préoccupante. Le tissu industriel national reste faiblement robotisé, peu numérisé, et dépendant de technologies étrangères clés (logiciels, composants, automatisation).

La R&D privée plafonne à 0,8 % du PIB, loin des standards de compétitivité (Allemagne, Corée, États-Unis). Le transfert de technologie depuis la recherche publique vers les entreprises reste lent, mal financé, et insuffisamment piloté. La majorité des PME industrielles ne disposent pas des moyens humains ni des ressources pour moderniser leurs procédés. Par ailleurs, les infrastructures numériques dans les zones rurales sont inadaptées au déploiement de nouveaux modèles d'usines connectées. Sans un plan technologique national massif, incluant robotisation, IA industrielle, cybersécurité et souveraineté numérique, le risque de déclassement industriel s'aggravera.

- Retard dans l'adoption massive des technologies de production avancées (IA, robotique).
- Dépendance à des technologies clés étrangères (semi-conducteurs, logiciels industriels).
- R&D privée insuffisante : seulement 0,8 % du PIB.
- Difficultés de transfert entre recherche publique et industrie productive.
- Manque de souveraineté numérique sur les outils de gestion, de production et d'export.
- Ralentissement de l'investissement dans les machines et outils industriels.
- Faible taux de numérisation des PME traditionnelles.
- Risques croissants de cyberattaques sur les infrastructures économiques.

- Opportunités technologiques non exploitées dans les secteurs stratégiques.
- Faible coordination interrégionale sur l'innovation industrielle.

E – Écologique

Une contrainte subie qui pourrait devenir levier de souveraineté verte

La transition écologique impose une transformation majeure de l'économie productive. Les normes environnementales européennes, en constante évolution, pèsent particulièrement sur les PME industrielles qui peinent à financer la mise à niveau de leurs outils. À ce jour, la France n'a pas de stratégie industrielle verte clairement définie par filière, ni de dispositif de soutien adapté aux rythmes d'investissement long que cela implique.

Pourtant, la France possède des atouts structurants, un mix énergétique bas carbone (grâce au nucléaire), un potentiel dans l'économie circulaire, et une ingénierie industrielle compétente. Si elle structure un plan de leadership vert, elle peut devenir pionnière sur des équipements stratégiques comme les batteries, le recyclage, l'hydrogène, les technologies de décarbonation, etc. L'alternative est claire, soit la transition écologique est subie et punitive, soit elle devient un vecteur de reconquête industrielle cohérent et compétitif.

- Pression normative environnementale européenne croissante sur l'industrie.
- Objectifs climatiques ambitieux mais peu compatibles avec l'état actuel du tissu productif.
- Manque de planification écologique sectorielle (industrie, construction, transport).
- Besoin massif d'investissement pour verdir l'outil de production.
- Faible taux de recyclage industriel et d'économie circulaire.
- Dépendance énergétique (importation d'hydrocarbures et d'électricité).
- Risques climatiques croissants pour certaines chaînes de production (canicules, inondations).
- Tensions sur l'approvisionnement en ressources rares (terres rares, lithium…).

- Dilemme croissance / sobriété : absence de doctrine économique claire sur le sujet.
- Opportunité encore sous-exploitée de positionner la France en leader de l'industrie verte.

L – Légal

Une complexité excessive qui freine la compétitivité et la souveraineté

Le cadre légal français reste l'un des plus contraignants d'Europe pour les entreprises industrielles. Les obligations fiscales, sociales, sanitaires, environnementales s'accumulent, sans simplification structurelle. Les délais d'instruction administratifs (urbanisme, ICPE, autorisations industrielles) sont souvent supérieurs à 12 voire 18 mois, ce qui repousse ou fait fuir des projets d'investissement.

Les normes européennes, parfois surtransposées, créent un désavantage compétitif par rapport à nos voisins. Les aides d'État sont conditionnées à des critères complexes, changeants, peu lisibles. Le droit du travail reste perçu comme rigide par les PME. Plus grave encore, la France ne dispose pas d'un cadre juridique robuste pour protéger ses actifs stratégiques (ex : filtrage des investissements étrangers, droits de préemption industriels). Une réforme structurelle du droit économique productif est indispensable. Elle doit viser la lisibilité, la rapidité, et la protection stratégique, sans tomber dans la dérégulation aveugle.

- Complexité réglementaire pour les entreprises industrielles (multiplicité des codes).
- Risques juridiques et incertitudes sur l'éligibilité aux aides ou crédits d'impôt.
- Absence de protection légale forte contre les délocalisations massives.
- Faible lisibilité du droit du travail pour les TPE/PME industrielles.
- Normes européennes parfois plus restrictives que les pratiques globales (effet de désavantage compétitif).
- Faiblesse des sanctions face aux pratiques de dumping fiscal ou social.
- Loi française peu incitative sur l'actionnariat salarié ou le partage de la valeur.

- Délai d'obtention trop long pour les autorisations industrielles (ICPE, urbanisme…).
- Inadéquation entre le Code des marchés publics et la stratégie de soutien aux PME françaises.
- Insuffisante coordination entre les règles fiscales, sociales et environnementales au niveau national.

En conclusion, nous pouvons dire que la France présente un environnement à haut potentiel, à condition d'une volonté stratégique ferme. En effet, cette autre analyse met en lumière une réalité contrastée, la France possède tous les leviers d'une puissance industrielle moderne, mais ces leviers sont aujourd'hui dispersés, contraints ou sous-utilisés. L'État dispose encore d'outils d'intervention, d'une capacité d'investissement public et privé importante, d'un capital humain compétent et d'un tissu d'entreprises innovantes. Pourtant, l'absence de doctrine industrielle, la complexité administrative, la fragmentation des dispositifs et la dépendance aux normes extérieures freinent ce potentiel.

Face à une économie mondiale en recomposition (relocalisations, transition écologique, intelligence artificielle, tensions géopolitiques), la France est à la croisée des chemins. Soit elle poursuit une trajectoire d'érosion productive et de dépendance stratégique, soit elle engage une refondation économique ambitieuse, structurée et souveraine.

Les défis sont immenses, mais les opportunités le sont tout autant. À condition d'un cap clair, de mesures lisibles, et d'un alignement entre les acteurs publics, privés et sociaux, la France peut redevenir une nation industrielle majeure, portée par une croissance de qualité, durable, et au service de la puissance collective.

D – Diagnostic croisé

Part du secteur productif dans le PIB : la grande évaporation industrielle

L'un des symptômes les plus visibles de l'affaiblissement économique français est la réduction drastique de la part de l'industrie dans le PIB. En 1980, l'industrie représentait encore plus de 22 % de la richesse nationale. Aujourd'hui, elle ne pèse plus que 10,3 %, soit presque deux fois moins qu'en Allemagne (17,4 %), et moins que dans de nombreux pays comparables comme l'Italie (15,9 %), la Corée du Sud (25 %) ou même la Suède (13,2 %). Cette chute n'est pas seulement statistique : elle reflète un recul profond de notre capacité à produire, transformer et exporter des biens à forte valeur ajoutée.

Le PIB, rappelons-le, est constitué de la somme des valeurs ajoutées générées sur le territoire. Lorsque l'industrie recule, c'est donc la capacité globale du pays à créer des richesses réelles qui s'amenuise. Le tertiaire, même s'il domine désormais notre économie (près de 78 % du PIB), ne produit pas les mêmes effets d'entraînement. En particulier, les services non marchands, ou les activités de redistribution interne, ne génèrent ni exportation ni autonomie stratégique.

L'industrie, elle, agit comme un moteur. Elle tire la productivité, génère des emplois indirects dans tout l'écosystème (logistique, services, énergie, formation...), favorise l'innovation, et surtout permet la constitution de marges exportables. Or, une économie sans industrie devient dépendante des importations, donc vulnérable en cas de choc externe. C'est ce que la crise du Covid ou la guerre en Ukraine ont brutalement révélé.

Cette déconnexion entre notre structure productive et nos besoins stratégiques est l'une des causes profondes de notre déficit commercial, mais aussi de notre perte de souveraineté. Relancer l'industrie ne relève donc pas d'un simple choix économique, mais d'une urgence nationale.

Déficit structurel de la balance commerciale : la France ne vend plus assez au monde

Depuis plus de 20 ans, la France enchaîne les déficits commerciaux. En 2023, la balance des biens affiche un solde négatif de près de 100 milliards d'euros, et ce malgré une légère amélioration conjoncturelle liée à la baisse des prix de l'énergie. En comparaison, l'Allemagne maintient un excédent supérieur à 230 milliards, même après les chocs énergétiques, et l'Italie dépasse les 30 milliards d'excédent. Ces pays ne sont pas moins exposés que nous, ils sont simplement mieux armés industriellement, technologiquement, et commercialement.

Ce déficit commercial signifie une chose simple, nous consommons plus de produits que nous n'en produisons. Chaque bien importé plutôt que fabriqué sur le sol national est une valeur ajoutée, un emploi, un impôt, une cotisation sociale perdus pour l'économie française. Chaque euro qui sort du territoire pour payer une voiture étrangère, un produit manufacturé asiatique ou un composant électronique américain ne reviendra pas. C'est une perte sèche pour notre système économique et cette situation entraîne plusieurs conséquences majeures :

- Perte d'autonomie stratégique : nous dépendons de fournisseurs étrangers pour des produits essentiels (médicaments, composants électroniques, énergie, matières premières).
- Affaiblissement du tissu productif local : les entreprises françaises, notamment les PME, sont concurrencées par des produits à bas coût produits dans des pays aux normes sociales ou environnementales plus souples.
- Pression sur l'euro et déficit extérieur chronique : contrairement à l'Allemagne, qui tire l'euro vers le haut, la France y joue un rôle de faiblesse, ce qui affecte sa capacité à négocier ou peser dans les grandes orientations économiques européennes.
- Perte de pouvoir d'achat collectif : un pays qui achète plus qu'il ne vend voit sa monnaie s'appauvrir structurellement. Même si l'euro masque cette réalité à court terme, les ajustements monétaires (taux d'intérêt, crédibilité budgétaire) finissent par pénaliser l'ensemble des citoyens.

Contrairement à une idée reçue, un déficit commercial n'est pas un simple ajustement technique. C'est un signal de désindustrialisation, un appauvrissement national différé, et surtout un affaiblissement de notre position géopolitique. Dans un monde fondé sur les rapports de force économiques, seule une balance commerciale excédentaire et stable permet d'accumuler des marges de manœuvre, de résister aux chocs, et de financer durablement les politiques publiques.

Revenir à l'excédent, secteur par secteur, filière par filière, est donc un objectif stratégique, et non un luxe économique.

Une désindustrialisation massive et continue : le cœur productif de la France s'est atrophié

La France a connu une vraie saignée industrielle depuis 40 ans. En 1980, l'industrie représentait 24 % du PIB ; elle n'en pèse aujourd'hui plus que 10,3 %, contre 17,4 % en Allemagne, 15,7 % en Italie ou encore 19 % en Corée du Sud. Le pays a perdu plus de 2 millions d'emplois industriels depuis les années 1980, et cette érosion continue de fragiliser nos territoires, notre commerce extérieur et notre cohésion sociale.

Cette désindustrialisation n'est pas un phénomène naturel. Elle est le résultat direct de décisions politiques, fiscales et sociales, qui ont systématiquement privilégié la consommation à court terme au détriment de la production durable. Trois mécanismes principaux ont aggravé ce déclin :

- L'effet d'éviction réglementaire et fiscal : l'empilement des normes, la complexité du Code du travail, la fiscalité de production, et le coût du travail ont découragé l'investissement et entraîné une vague de délocalisations.
- L'abandon de filières stratégiques : l'électronique, le textile, les équipements industriels ou encore la chimie lourde ont été sacrifiés sans vision d'ensemble. Les États qui ont protégé ou soutenu leurs filières, comme l'Allemagne ou la Corée, ont au contraire renforcé leur base industrielle.
- L'absence de politique de souveraineté industrielle : trop souvent, les aides publiques ont servi à « sauver l'existant » plutôt qu'à reconstruire le futur. Aucune doctrine industrielle claire n'a guidé les choix, les investissements ou les partenariats technologiques.

Résultat : nos usines ferment, nos ingénieurs partent, nos brevets sont rachetés, et nos produits sont remplacés par des concurrents étrangers. La France fabrique moins, donc elle exporte moins, donc elle s'endette davantage pour maintenir son niveau de vie. Le lien est direct, mathématique et implacable.

Pire encore, cette désindustrialisation a un effet territorialement explosif : les régions industrielles sinistrées (Grand Est, Hauts-de-France, vallée de la Seine, bassin stéphanois...) concentrent chômage, désespoir, et vote de rupture. Sans réindustrialisation massive, la fracture entre métropoles tertiarisées et périphéries abandonnées ne fera que s'aggraver.

L'industrie n'est pas un secteur comme un autre. Elle est le moteur de la productivité, le socle des exportations, l'ancrage territorial des savoir-faire, et le levier de l'innovation appliquée. Aucun pays n'est durablement prospère sans industrie forte. Cela appelle donc une reconquête, pas une simple adaptation.

Une économie trop tertiarisée, peu productive, déconnectée du réel

La tertiarisation de l'économie française a atteint un niveau extrême. Près de 78 % des emplois sont désormais concentrés dans le secteur tertiaire, et la part de l'industrie ne cesse de reculer. Si certains pays, comme les États-Unis, ont su combiner tertiarisation et puissance industrielle, la France a choisi une voie déséquilibrée : l'expansion des services sans la base productive pour les soutenir.

Cette évolution pose un double problème.

D'une part, de nombreux emplois tertiaires créés depuis 20 ans sont peu qualifiés, faiblement rémunérés, et faiblement exportables : livraison, assistance administrative, animation commerciale, prestations sous-traitées, métiers d'intermédiation, etc. Ces activités génèrent peu de valeur ajoutée nette, tout en étant sensibles à la conjoncture. Elles fragilisent le tissu économique au lieu de le renforcer.

D'autre part, les fonctions stratégiques (ingénierie, design, marketing, informatique...) sont souvent captées par des groupes étrangers ou recentrées sur des pôles métropolitains, ce qui accentue les inégalités territoriales. Les grandes plateformes, les banques ou les cabinets de conseil drainent les talents sans participer à la souveraineté productive du pays.

Ce déséquilibre est aussi culturel : l'élite administrative, formée dans une logique de régulation et de dépense, méconnaît souvent les mécanismes industriels et productifs. L'économie réelle – celle des usines, des ateliers, de la logistique, de la production de biens concrets – est trop souvent perçue comme une variable d'ajustement, quand elle devrait être la priorité nationale.

Enfin, la tertiarisation excessive a conduit à une bulle d'emplois publics ou parapublics tertiaires, difficile à financer sur la durée. Les fonctions support se multiplient (RH, compliance, reporting, communication, médiation...) sans que leur utilité économique soit toujours démontrée. Ce phénomène contribue à la surchauffe budgétaire, mais aussi à la perte de sens dans l'activité professionnelle.

La France ne peut pas bâtir sa puissance sur une économie où l'on se rend service les uns aux autres avec de l'argent que l'on ne produit plus. Il ne s'agit pas de mépriser les services, mais de rééquilibrer l'économie vers des secteurs qui créent de la richesse réelle, mesurable, exportable et durable. Une nation forte repose d'abord sur ce qu'elle produit. Produire, c'est exister.

Une base industrielle fragilisée, concentrée, et sous-capitalisée

La désindustrialisation française ne se traduit pas seulement par une perte de volume ; elle touche aussi la structure même de notre tissu industriel. En moins de 30 ans, la part de l'industrie manufacturière dans le PIB est passée de 20 % à 10,3 %, soit une division par deux. Mais au-delà de la quantité, c'est la qualité de notre appareil productif qui s'est profondément altérée.

Première fragilité : la concentration géographique. L'industrie française est désormais cantonnée à quelques grands pôles (régions lyonnaise, toulousaine, alsacienne…), laissant de vastes territoires, en particulier dans le Nord, le Centre et l'Est, dans un état de déclin productif et d'abandon économique. Cette carte industrielle incomplète renforce les fractures territoriales et prive la Nation d'un levier de rééquilibrage.

Deuxième fragilité : la taille moyenne des entreprises industrielles. Contrairement à l'Allemagne, où le Mittelstand forme un tissu dense de PME industrielles innovantes et exportatrices, la France souffre d'un manque de capitalisation. Nos entreprises sont souvent trop petites pour investir massivement dans la modernisation, trop dépendantes de grands donneurs d'ordre, et trop peu armées pour l'export. Moins de 3 % des entreprises françaises exportent, et l'industrie y est sous-représentée.

Troisième fragilité : la perte de contrôle capitalistique. Une part croissante de notre industrie est sous contrôle étranger, qu'il s'agisse de fonds d'investissement ou de multinationales. Cela pose des problèmes majeurs de souveraineté, d'emplois et de stratégie. Les décisions clés (fermetures de sites, délocalisations, orientation de l'investissement) sont souvent prises hors de France, dans une logique de rentabilité à court terme incompatible avec la reconstruction de notre outil productif.

Enfin, la désindustrialisation a appauvri notre capacité d'innovation industrielle. Nos dépenses en R&D sont faibles (0,8 % du PIB pour l'industrie), et nos brevets sont trop souvent valorisés à l'étranger. La France invente, mais ne produit plus. L'innovation n'a de sens économique que si elle se traduit par des lignes de production, des emplois qualifiés et des exportations.

Résultat : même lorsque la demande existe, la France ne sait plus répondre. Nous importons nos médicaments, nos composants électroniques, nos matériaux stratégiques, et bientôt peut-être nos technologies agricoles ou nos outils militaires. Ce n'est pas une question de nostalgie industrielle, mais de survie stratégique.

La France ne pourra jamais figurer parmi les trois premières puissances économiques mondiales sans une base industrielle dense, souveraine, innovante et équilibrée sur le territoire. La reconquête industrielle n'est pas une option, c'est une nécessité vitale.

Une balance commerciale structurellement déficitaire et révélatrice d'un affaiblissement productif

La balance commerciale est un thermomètre implacable de la santé économique d'un pays. Elle mesure la différence entre ce que nous exportons et ce que nous importons. Depuis plus de 20 ans, la France est structurellement déficitaire. En 2022, le déficit commercial a atteint un record historique de près de 100 milliards d'euros, avant une légère amélioration technique en 2023 liée à la baisse temporaire des prix de l'énergie. Mais ce solde négatif n'est pas conjoncturel, il est structurel et symptomatique d'une économie qui consomme plus qu'elle ne produit, qui importe ce qu'elle ne fabrique plus, et qui n'exporte plus suffisamment de valeur ajoutée.

Ce déficit commercial est aggravé par trois failles principales :

- Une industrie incapable de répondre à la demande nationale. Même dans des secteurs de forte consommation interne (électroménager, textile, produits pharmaceutiques, équipements électroniques…), la France a abandonné la production locale. Résultat : dépendance logistique, perte d'emplois, et appauvrissement des territoires.

- Un retard technologique et productif. Alors que l'Allemagne, les Pays-Bas ou la Corée du Sud exportent massivement des biens à haute valeur ajoutée (machines-outils, composants, matériel médical, systèmes embarqués...), la France a reculé sur ces segments stratégiques.
- Un tissu d'entreprises trop faible à l'international. Seulement 125 000 entreprises françaises exportent régulièrement, soit moins de 3 % du total. Et parmi elles, une poignée réalisent l'essentiel du chiffre d'affaires à l'étranger. L'exportation reste une exception, non la norme.

Conséquence directe : la perte de devises, l'affaiblissement monétaire, et une dette extérieure croissante. À long terme, un pays qui importe plus qu'il n'exporte perd en crédibilité financière, affaiblit sa monnaie, et devient dépendant du financement extérieur, ce qui peut conduire à une hausse des taux d'intérêt, à un décrochage de l'investissement, et à une crise de confiance.

Un excédent commercial durable serait au contraire un levier majeur pour :

- Renforcer la monnaie nationale (ici, l'euro – ce qui renforcerait la position française en zone euro)
- Baisser le coût des importations (énergie, matières premières)
- Financer des investissements stratégiques sans recourir à la dette
- Restaurer notre influence économique et diplomatique au sein de l'UE

Autrement dit, la balance commerciale ne dit pas seulement combien nous produisons, elle dit si nous sommes encore une puissance utile au monde. Pour être dans le trio de tête des grandes puissances mondiales, la France doit impérativement renouer avec l'excédent commercial, dans les secteurs stratégiques comme dans les filières à forte valeur ajoutée.

Un tissu entrepreneurial affaibli : trop de petites entreprises, peu de champions

Le tissu économique français repose sur une immense majorité de très petites entreprises (TPE) : plus de 96 % des entreprises ont moins de 10 salariés. Ce dynamisme de la microentreprise est souvent présenté comme une force. En réalité, c'est aussi une faiblesse structurelle, nos entreprises sont trop petites pour investir, innover, exporter, ou résister aux chocs économiques.

Contrairement à l'Allemagne ou aux États-Unis, la France ne dispose pas d'un réseau dense d'entreprises intermédiaires puissantes (les Mittelstand allemands), capables de tirer la croissance, d'exporter massivement, ou de structurer des filières industrielles. La France compte environ 5 000 ETI (entreprises de taille intermédiaire), contre plus de 12 000 en Allemagne, alors même que nous avons une population équivalente. Ce différentiel est stratégique, il explique en grande partie la différence de performance industrielle et commerciale entre les deux pays.

Les causes de cette fragilité sont multiples :

- Sous-capitalisation chronique : les PME françaises manquent de fonds propres. Elles peinent à lever des capitaux, à recruter, ou à moderniser leurs outils. L'autofinancement est trop faible pour amorcer des investissements lourds.
- Pression réglementaire et fiscale disproportionnée : au fur et à mesure de leur croissance, les entreprises doivent faire face à des seuils de complexité (sociale, fiscale, comptable, administrative) qui dissuadent de franchir certaines tailles critiques.
- Accès difficile à l'exportation : seules 3 % des entreprises françaises exportent. La plupart se contentent d'un marché domestique limité, trop concurrentiel, et parfois saturé.
- Culture du risque bridée : la peur de l'échec, la lourdeur des procédures de liquidation, l'instabilité normative freinent la prise d'initiatives et découragent les ambitions de croissance.

Ce paysage explique pourquoi la valeur ajoutée par salarié est inférieure de 15 à 20 % en France par rapport à nos compétiteurs directs. Les entreprises françaises sont moins productives, moins rentables, et moins capables de redistribuer ou d'investir à long terme.

Cela entraîne des conséquences lourdes sur l'ensemble du système économique :

- Les salaires stagnent, faute de marges suffisantes

- Les prélèvements augmentent, faute de base fiscale dynamique
- L'innovation recule, faute de capacité d'absorption
- L'emploi reste précaire, car trop dépendant de structures fragiles

Dans ce contexte, faire grandir nos entreprises n'est pas un luxe, c'est une priorité nationale. Il faut structurer les filières, favoriser les fusions raisonnées, fluidifier les transmissions, orienter l'épargne vers le capital productif, et bâtir un écosystème dans lequel une PME peut devenir une ETI, et une ETI un leader mondial. Sans cette ambition, la France restera une économie de sous-traitants, segmentée, dépendante et vulnérable.

Une financiarisation excessive de l'économie, détachée du réel productif

Depuis les années 1990, la France, comme d'autres pays développés, a vu la sphère financière prendre une place disproportionnée dans son économie. Plutôt que d'être au service de l'investissement productif, les capitaux ont été massivement orientés vers des logiques de rendement à court terme : spéculation, rachats d'actions, capital-investissement à visée extractive, montages d'optimisation fiscale. Résultat : la finance française s'est hypertrophiée au détriment de l'industrie et de l'innovation.

Aujourd'hui, cette logique a profondément déséquilibré notre modèle :

- Le poids de la finance dans la capitalisation boursière dépasse celui des entreprises industrielles, pourtant créatrices d'emplois et de valeur sur le long terme.
- L'épargne des Français, abondante (environ 18 % du revenu disponible brut), est mal orientée : elle alimente la dette publique ou les placements immobiliers spéculatifs, plutôt que l'économie productive.
- Les fonds d'investissement étrangers prennent des positions majoritaires dans des entreprises stratégiques françaises, sans ancrage territorial ni projet industriel. Les décisions se prennent à Londres, New York ou Dubaï, pas à Lyon ou Toulouse.
- Les entreprises du CAC 40 consacrent une part croissante de leurs bénéfices à la distribution de dividendes, au détriment des salaires, de la R&D ou de l'investissement de long terme.

Cette financiarisation se traduit par un découplage entre capital et travail, une forme d'économie abstraite qui fonctionne en circuit fermé, déconnectée des besoins des territoires, des emplois durables et de la souveraineté économique.

Pire encore, les grandes entreprises, sous pression d'actionnaires activistes ou de fonds anglo-saxons, externalisent leurs risques, licencient en période de bénéfices, ou localisent leurs profits à l'étranger. Les décisions stratégiques ne visent plus la croissance réelle mais l'optimisation des rendements financiers à court terme.

Ce modèle est non seulement inefficace à long terme, mais aussi socialement délétère. Il nourrit le sentiment d'injustice, détruit la confiance dans l'économie de marché, et fragilise le contrat social.

À rebours de cette logique, il est urgent de refinancer l'économie réelle et favoriser l'épargne productive afin de relier finance et industrie. En parallèle, il faut encadrer les comportements spéculatifs et exiger des entreprises bénéficiaires une contribution au développement territorial, à l'innovation et à l'emploi. Il faut réconcilier rendement et responsabilité.

Redonner un sens stratégique à la finance, au service d'un capitalisme français orienté vers l'avenir, est une condition essentielle du réarmement économique.

Des aides publiques à l'économie mal ciblées, mal conditionnées et peu évaluées

Depuis plusieurs décennies, l'État français mobilise chaque année plus de 160 milliards d'euros d'aides publiques directes ou indirectes à destination des entreprises (source : Inspection générale des finances, rapport 2022). Ces aides prennent de nombreuses formes comme des exonérations de charges, subventions, crédits d'impôt, garanties publiques, appels à projets, etc. Leur objectif affiché est de stimuler l'investissement, l'innovation, l'emploi ou la transition énergétique. Mais dans la réalité, le bilan est contrasté et souvent inefficace.

D'une part, le ciblage sectoriel est flou. Certaines filières obsolètes ou non stratégiques reçoivent encore des subventions, pendant que des secteurs émergents, comme la cybersécurité, l'intelligence artificielle ou les technologies de rupture, restent sous-financés.

D'autre part, les contreparties exigées sont trop faibles, voire inexistantes. Le nombre d'emplois créés est non vérifié, il n'y a aucune obligation de relocalisation, pas d'exigence de formation ou d'impact territorial. On subventionne, sans suivre ni évaluer sérieusement les effets réels.

En outre, certaines grandes entreprises touchent des aides publiques tout en versant des dividendes, procédant à des plans sociaux ou externalisant leur production. Cela crée un double scandale, financier (argent public dilapidé) et moral (perte de sens de l'action publique).

Le système actuel manque de lisibilité pour les PME, qui peinent à accéder aux dispositifs disponibles. Les grandes structures, elles, savent mobiliser des cabinets spécialisés pour maximiser les aides, souvent sans réelle justification productive.

Cette inefficacité nourrit une forme de capitalisme assisté, où les aides remplacent la compétitivité réelle. Le réflexe de guichet supplante la logique de performance.

Enfin, le pilotage stratégique des aides est dispersé entre Bercy, les Régions, l'ADEME, la BPI, les agences nationales ou européennes, sans vision d'ensemble. Aucun "retour sur investissement public" n'est réellement calculé.

Il devient donc impératif de :

- Reconditionner toutes les aides à des engagements mesurables : emplois, investissement productif, relocalisation, montée en compétences.
- Mettre en place une traçabilité complète et publique des aides versées, avec notation d'impact.
- Supprimer les aides automatiques pour les grandes entreprises qui ne jouent pas le jeu du développement national.
- Réorienter massivement les dispositifs vers les PME industrielles innovantes, les entreprises locales à fort ancrage territorial, et les secteurs à haute valeur stratégique.

En bref, il ne s'agit pas de distribuer moins, mais de distribuer mieux, selon une logique de retour sur contribution nationale. L'argent public doit être un levier de puissance, pas un chèque sans condition.

E – Benchmark international

1. Comparaison avec les pays performants (Allemagne, Suède, Estonie, Danemark)

La France affiche une productivité horaire parmi les plus élevées d'Europe, au même niveau que l'Allemagne, mais elle souffre d'un tissu industriel affaibli. Le poids de l'industrie dans le PIB n'est que de 13,5 %, contre 22 % en Allemagne, 19 % en Suède, ou 21 % au Danemark. La France a aussi un taux d'exportation de biens inférieur à ses voisins : seulement 31 % du PIB contre 47 % en Suède ou 50 % en Allemagne.

Sur le plan de l'innovation, la France investit 2,2 % du PIB en R&D, contre 3,1 % en Allemagne et 3,5 % en Suède. Elle reste en retrait dans la robotisation industrielle : environ 177 robots pour 10 000 salariés dans l'industrie, contre 397 en Allemagne, et plus de 500 en Corée du Sud. Le retard technologique structurel affaiblit la compétitivité globale.

En revanche, la France dispose d'un mix énergétique bas carbone, en avance sur ses voisins, ce qui pourrait devenir un avantage comparatif majeur si une stratégie industrielle verte était pleinement assumée.

2. Comparaison avec les concurrents européens directs (Italie, Espagne, Portugal)

La France est plus productive que ses voisins du sud de l'Europe, mais souffre d'un coût du travail supérieur, ce qui pousse de nombreuses entreprises à délocaliser en Italie du Nord ou au Portugal. Le coût horaire moyen du travail en France est de 41,6 €, contre 29,7 € en Italie, 24,3 € en Espagne et 17,6 € au Portugal.

En matière de taux d'investissement privé, la France (24,1 %) est devant l'Italie (21 %) mais derrière l'Espagne (25,4 %), qui connaît un regain d'attractivité dans les services technologiques. La France reste également moins performante à l'export que l'Italie, qui a su développer un tissu de PME exportatrices très dynamiques.

En résumé, la France reste trop tournée vers sa consommation intérieure, alors que ses concurrents européens misent davantage sur les marchés internationaux et l'adaptation agile des filières industrielles.

3. Référence OCDE/G7 : le décrochage de la France en matière d'environnement productif

Dans le classement Doing Business 2020 (Banque mondiale), la France n'est que 32e sur 190, loin derrière le Danemark (4e), les États-Unis (6e), ou même le Canada (23e). Les faiblesses concernent surtout l'impôt sur les sociétés, les démarches de création d'entreprise et les permis de construire industriels.

Le taux de création d'ETI reste très faible en France (environ 5 700 contre 12 500 en Allemagne), freinant la montée en puissance de l'économie. À cela s'ajoute une instabilité fiscale chronique (plus de 400 réformes fiscales en 20 ans), perçue comme dissuasive pour l'investissement long terme.

Enfin, la France est l'un des seuls pays du G7 où le déficit public dépasse les 5 % du PIB de façon récurrente, limitant sa capacité à déployer une politique industrielle ambitieuse sans réformes de structure.

Une performance moyenne, un potentiel de rebond conditionné à des choix forts

Ce benchmark met en lumière une réalité simple. La France n'est pas en retard sur tout, mais elle est moyenne sur l'essentiel. Productive mais peu exportatrice, bien équipée en infrastructures mais mal organisée fiscalement, dotée d'un potentiel technologique mais en retard de déploiement, elle oscille entre puissance et impuissance.

Les pays les plus performants (Allemagne, Corée du Sud, Danemark) ont un cap industriel clair, des outils financiers mobilisés, une logique incitative forte, et un consensus national autour de la production. À l'inverse, la France souffre de l'absence de doctrine économique solide, de leviers fiscaux stables, et de narration collective mobilisatrice.

Ce constat fonde la nécessité d'un pacte économique de reconquête autour de principes simples : produire plus, investir mieux, exporter davantage, et récompenser ceux qui créent la richesse nationale.

F – Blocages structurels

Malgré un potentiel productif incontestable, l'économie française reste prisonnière de mécanismes internes qui entravent toute ambition de reconquête industrielle. Ces blocages ne sont ni conjoncturels ni dus à un déficit de capital humain ou financier. Ils relèvent de verrous structurels, d'incohérences réglementaires, et d'un affaiblissement historique de l'État stratège. La réindustrialisation de la France ne peut donc se contenter de subventions ou de plans ponctuels : elle suppose une transformation profonde des logiques institutionnelles, fiscales, et territoriales.

1.Une fiscalité contre-productive et hostile à l'investissement productif.

Le taux de prélèvements obligatoires français (43,5 % du PIB) n'est pas seulement élevé, il est illisible, instable, et dissuasif pour l'investissement à long terme. Les entreprises industrielles sont les plus pénalisées, cumulant impôt sur les sociétés, charges sociales sur salaires élevés, fiscalité locale (CFE, CVAE) et complexité administrative. La fiscalité verte elle-même est incohérente : elle pénalise les outils de production avant même d'avoir accompagné leur mutation.

Résultat : la France investit moins dans ses outils de production que ses concurrents européens et asiatiques.

2. Une doctrine industrielle absente ou fragmentée.

Alors que l'Allemagne suit depuis 20 ans une feuille de route industrielle claire (Industrie 4.0), la France multiplie les annonces sans cohérence systémique. Le plan France 2030 finance à la fois des projets industriels et des initiatives de recherche déconnectées des besoins des filières. Il n'existe aucune articulation entre les politiques d'innovation, d'exportation, de formation professionnelle et de financement des PME industrielles. Cette absence de doctrine industrielle unifiée empêche toute montée en puissance réelle des filières stratégiques (aéronautique, énergie, santé, agroalimentaire, matériaux critiques).

3. Une culture économique biaisée contre l'industrie.

La société française valorise le tertiaire, l'immobilier, et les activités perçues comme intellectuelles ou « propres ». L'industrie est encore associée à une image vieillissante, polluante et pénible, ce qui dissuade les jeunes talents. Ce biais culturel se double d'un sous-investissement dans l'appareil productif, ainsi, en 2023, seuls 19 % des investissements privés concernaient l'industrie, contre 44 % pour l'immobilier résidentiel et commercial. L'État n'a pas su inverser cette tendance, faute de signal politique fort valorisant le capital productif.

4. Une désorganisation territoriale chronique.

L'aménagement du territoire n'est plus piloté, les métropoles concentrent les services à forte valeur, tandis que les territoires industriels de taille moyenne sont délaissés. Les aides économiques sont fragmentées entre régions, intercommunalités, Bpifrance et agences centrales, sans pilotage stratégique ni suivi de performance. Cela crée des zones de relégation industrielle, alors même que des bassins de main-d'œuvre existent. L'absence de politique industrielle territorialisée nuit directement à la compétitivité et à la cohésion nationale.

5. Des blocages normatifs et administratifs massifs.

La France impose aux entrepreneurs une charge réglementaire sans équivalent : normes environnementales mal coordonnées, délais de permis de construire industriels dépassant souvent 18 mois, multiplication des procédures de contrôle non harmonisées, etc. Les projets d'implantation ou d'extension sont ralentis, renchéris ou abandonnés. Dans l'agroalimentaire, par exemple, de nombreux sites de transformation ferment ou se délocalisent faute d'autorisations rapides, tandis que la réglementation change chaque année.

6. Une politique de formation hors sol.

Les jeunes sont toujours orientés majoritairement vers les filières générales, tandis que les bacs professionnels, les BTS industriels et l'alternance restent sous-valorisés. Dans l'industrie, plus d'un poste sur quatre reste non pourvu. L'absence de pilotage économique des formations crée un désalignement dramatique entre l'offre de compétences et les besoins des entreprises productives. Un pilotage par filière et par territoire est indispensable pour reconnecter l'éducation, la formation et l'économie réelle.

7. Une souveraineté technologique à rebâtir.

Les chaînes de valeur industrielles françaises sont aujourd'hui dépendantes de composants critiques étrangers (puces, machines-outils, matières premières rares). Le désinvestissement industriel entre 1995 et 2015 a désintégré des compétences clefs (mécanique de précision, électronique, sidérurgie fine...). La réindustrialisation ne sera possible que si l'État assume un rôle de stratège industriel : protection ciblée, cofinancement des relocalisations, préférence nationale dans les achats publics, et fonds de souveraineté sectoriels doivent être à nouveau assumés comme des leviers légitimes.

La réindustrialisation est impossible sans désarmement administratif, fiscal et doctrinal.
Les blocages économiques de la France ne sont pas liés à une faiblesse de ses entreprises, mais à un étouffement systémique. Pour redevenir une puissance productive, la France doit transformer ses institutions, ses politiques publiques et sa culture économique. Sans un choc de simplification, de pilotage stratégique et de souveraineté industrielle, toute ambition économique restera un vœu pieux.

G – Evolution des politiques publiques économiques

Malgré des investissements publics massifs depuis plus de quinze ans, la France ne parvient toujours pas à renouer avec une dynamique industrielle forte, une croissance organique solide ou un équilibre de sa balance commerciale. Les politiques menées ont souvent été généreuses dans les montants, mais décevantes en résultats.

1. Le CICE (Crédit d'impôt pour la compétitivité et l'emploi) – 2013 à 2019

Montant mobilisé : Environ 100 milliards € sur 6 ans (20 Md€/an en moyenne)

Objectif affiché : Améliorer la compétitivité des entreprises, relancer l'emploi et soutenir les exportations.

Résultats constatés:

- Création estimée de 100 000 à 160 000 emplois au maximum sur 6 ans selon France Stratégie (soit 1 emploi pour 1 million d'euros dépensé dans le scénario bas)
- Aucun effet significatif sur la croissance des exportations
- Aucun effet sur les salaires
- Faible ciblage sectoriel : près de 70 % de l'aide est allée à des secteurs non exposés à la concurrence internationale (banque, assurance, grande distribution).

En conclusion on constate simplement un effet d'aubaine massif, sans impact structurel sur la compétitivité.

2. Le Pacte de responsabilité et de solidarité – 2014 à 2017

Montant mobilisé : 40 milliards € prévus (réduction des charges sociales + CICE reconduit)

Objectif affiché : Créer 500 000 emplois en contrepartie d'un allègement fiscal.

Résultats constatés:

- Aucun engagement formel obtenu des grandes entreprises.

- Le Medef lui-même a reconnu en 2016 « l'échec partiel » du dispositif.
- L'INSEE a évalué la création nette d'emplois à 80 000 à 100 000 à long terme
- Aucun mécanisme de suivi ni conditionnalité des aides.

Finalement, une ambition élevée, un pilotage faible, un rapport coût/efficacité très bas.

3. Le plan France Relance – 2020 à 2022

Montant mobilisé : 100 milliards €

- 30 Md€ pour la transition écologique
- 34 Md€ pour la compétitivité
- 36 Md€ pour la cohésion sociale

Objectif affiché : Éviter un effondrement post-Covid et relancer l'économie sur des bases plus durables.

Résultats constatés:

- Une forte absorption budgétaire, mais peu de transformations structurelles visibles.
- Trop de crédits non consommés ou absorbés par de grands groupes sans ciblage stratégique clair.
- Peu de soutien concret aux PME industrielles, peu de relocalisations.
- Balance commerciale 2022 : -163,6 Md€ (record historique de déficit).

On peut ainsi aisément retenir un plan massif mais peu sélectif, un effet dilué faute de doctrine industrielle.

4. Le plan France 2030 – lancé en 2021, prévu jusqu'en 2030

Montant prévu : 54 milliards €, dont 34 Md€ pour l'État, 20 Md€ en financement privé escompté.

Objectifs affichés:

- Réindustrialiser le pays.

- Accélérer l'innovation dans 10 filières stratégiques : hydrogène, semi-conducteurs, batteries, santé, alimentation, culture, numérique...
- Produire en France "2 millions de véhicules électriques et hybrides", "le premier avion bas carbone", etc.

Bilan (au 1er trimestre 2024):

- Moins de 20 % des fonds effectivement engagés.
- Projets souvent dispersés, peu territorialisés, sans logique d'écosystèmes
- Aucun impact notable sur la part de l'industrie dans le PIB (restée autour de 10 %, contre 23 % en Allemagne).
- Peu d'entreprises bénéficiaires à forte valeur ajoutée ou technologie souveraine.

On a donc un plan pertinent sur le papier, mais une gouvernance faible et une absence de chaîne de valeur structurée.

5. Dispositifs transversaux (crédit impôt recherche, réduction Fillon, ZFU, ZRR...)

Montants cumulés annuels :

- CIR : 6 à 7 Md€/an
- Réduction Fillon : 20 Md€/an
- Exonérations ZFU/ZRR : 1 à 2 Md€/an

Résultats constatés:

- Le CIR est capté à 60 % par de grands groupes, souvent pour des projets non industrialisables à court terme.
- La réduction Fillon bénéficie à des entreprises sans critère de performance ou de formation.
- Les exonérations géographiques (zones urbaines ou rurales) n'ont pas permis un rééquilibrage productif durable.
- Outils mal conditionnés, qui entretiennent la logique d'"assistance fiscale", sans exiger d'efforts réels de transformation.

En définitif, sur ces dispositifs, on peut malheureusement en conclure une politique économique trop chère pour trop peu de résultats. En cumulé, la France a investi plus de 300 milliards € depuis 2013 pour soutenir son tissu économique et productif. Pourtant, les indicateurs-clés restent alarmants:

- Part de l'industrie dans le PIB : 9,8 % (vs 23 % en Allemagne).
- Balance commerciale 2023 : -120 milliards € (encore un déficit record).
- Taux d'investissement productif en déclin (hors immobilier).
- Productivité horaire qui stagne malgré un coût horaire parmi les plus élevés d'Europe.

Ce constat impose un changement radical de doctrine : conditionnalité des aides, concentration sectorielle, alignement formation/production, fiscalité orientée vers l'investissement utile. Le temps des plans généralistes sans pilote est révolu.

Au passage, avec autant d'investissements de l'Etat

H – Analyse des effets de seuil

La structure économique française souffre de multiples effets de seuils, qui désincitent les entreprises à croître ou à investir, et provoquent des ruptures nettes de compétitivité à des paliers critiques. Ces effets ne sont pas seulement fiscaux, mais aussi administratifs, sociaux et réglementaires.

1. Le seuil des 50 salariés : un point de rupture majeur

Ce seuil déclenche une série de 7 obligations supplémentaires pour l'employeur, dont :

- Mise en place d'un Comité Social et Économique (CSE) ;
- Nomination d'un délégué à la protection des données (RGPD) ;
- Obligation d'établir une Base de Données Économiques, Sociales et Environnementales (BDESE) ;
- Plan de prévention des risques professionnels ;
- Contribution au Fonds National d'Aide au Logement (FNAL) au taux majoré ;
- Entrée dans le périmètre de la participation aux bénéfices ;
- Obligations renforcées en matière d'égalité professionnelle.

Selon plusieurs enquêtes INSEE et rapports parlementaires, près de 1 entreprise sur 4 évite volontairement de dépasser ce seuil, ce qui freine la création d'emplois, l'investissement et la structuration managériale.

2. Le seuil des 250 salariés : concentration des contraintes

Au-delà de 250 salariés, l'entreprise entre dans une logique quasi-réglementaire :

- Obligation de publier un index de représentation femmes-hommes et de résultats en matière RSE ;
- Engagements plus lourds en matière de reporting extra-financier ;
- Contrôles renforcés de l'administration fiscale, du travail et des douanes.

Les PME françaises restent trop petites, alors que la croissance d'une entreprise est souvent un levier d'export, d'innovation et de productivité. En France, seulement 5 800 entreprises ont plus de 250 salariés, contre près de 13 000 en Allemagne.

3. Le « mur fiscal » au niveau des bénéfices et de l'IS

Le passage du taux réduit d'IS (15 %) à 25 % dès 42 500 € de bénéfices entraîne un arbitrage fiscal : frein à la rétention de bénéfices dans l'entreprise et préférence pour la distribution ou la réduction des marges. Cela pousse les TPE à éviter la croissance bénéficiaire, ou à la délocaliser dans des structures satellites moins taxées.

4. L'effet de seuil social sur les bas salaires et le SMIC

La réduction Fillon, en zone basse (1,0 à 1,6 SMIC), est si généreuse qu'elle décourage les hausses de salaire. De nombreux employeurs préfèrent bloquer les rémunérations justes sous ce seuil pour conserver un allègement maximal, créant une trappe à bas salaires.

Le résultat donne une faible progression des revenus, des perspectives d'évolution limitées, et une pression sur les métiers à forte intensité de main-d'œuvre.

5. Les seuils réglementaires sectoriels

Certains seuils sont spécifiques à des filières, et créent des barrières à l'entrée ou à la montée en gamme :

- Hygiène, agroalimentaire, emballage : obligations de certification HACCP, traçabilité et audits renforcés au-delà d'un certain tonnage ou CA ;
- Industrie chimique : seuil Seveso déclenchant des obligations d'ingénierie et de sécurité très coûteuses.

Cela crée une fracture compétitive entre PME et grands groupes, avec un effet dissuasif pour l'industrialisation de niche ou la montée en capacité.

6. La rupture de compétitivité à l'export

La France est la seule puissance du G7 à avoir vu sa part de marché mondial reculer continuellement depuis 2000.

Les causes principales sont:

- Surcoût du travail élevé pour les fonctions intermédiaires et supports ;
- Complexité douanière et administrative pour les PME ;
- Manque de filières intégrées et de champions intermédiaires (ETI) pour structurer les filières.

L'effet seuil ici est stratégique : en dessous d'une taille critique ou d'un niveau de marge suffisant, une entreprise française ne peut pas exporter avec succès.

Briser les plafonds de verre pour relancer la dynamique productive

La France est minée par des effets de taille dissuasifs, qui freinent à la fois la croissance organique des entreprises et leur capacité à se projeter à l'export ou dans l'innovation. Ces seuils doivent être repensés : moins rigides, plus progressifs, et accompagnés de mesures incitatives et lisibles.

Ce n'est pas en empilant les contraintes qu'on crée des champions industriels. C'est en permettant la montée en charge, l'investissement durable et la simplification des trajectoires de croissance qu'on recrée une économie compétitive, souveraine et tournée vers l'avenir.

Une économie puissante en potentiel, bridée par ses propres mécanismes

Le diagnostic stratégique de l'économie française révèle une dualité frappante. La France dispose d'atouts considérables, infrastructures de qualité, capacité d'innovation, tissu entrepreneurial dynamique, mais ces atouts sont neutralisés par des blocages structurels récurrents, un pilotage public inefficace, et une architecture économique mal adaptée aux défis contemporains. Pendant des décennies, la France a progressivement désinvesti le champ de la production, préférant la consommation subventionnée à l'effort industriel, la spéculation immobilière à l'investissement productif, la dépendance aux importations à l'autonomie stratégique. Ce modèle a fini par s'épuiser, notre déficit commercial s'est creusé, nos usines ont fermé, nos savoir-faire se sont dispersés, et avec eux, des milliers d'emplois qualifiés ont disparu.

Notre économie n'est pas défaillante par essence, elle est sous-performante par construction. Ce sont les mécanismes institutionnels, fiscaux, réglementaires, et sociaux qui freinent son élan. Des effets de seuil paralysants, une fiscalité désincitative, des politiques industrielles dispersées, une gouvernance éclatée, une dépendance stratégique à l'extérieur… autant de nœuds qu'il faut désormais dénouer avec méthode.

L'analyse réalisée a mis en lumière un paradoxe central, nous possédons des forces latentes puissantes, qui sont neutralisées par des faiblesses internes systémiques. Le PESTEL confirme cette fragilité dans un environnement mondialisé, technologique, concurrentiel, où les retards se payent rapidement. Le benchmark international montre que la France décroche en attractivité et en performance industrielle, alors que des pays comparables réussissent leur transition.

Le constat est clair, la réindustrialisation ne peut plus attendre, pas plus que la reconstruction d'un modèle productif souverain. Les politiques publiques passées ont coûté cher sans inverser la tendance. Elles doivent céder la place à une stratégie claire, structurée, efficace, qui mise sur la montée en gamme, la simplification, la valorisation des efforts productifs et l'ancrage territorial de la valeur ajoutée. Cette ambition économique n'est pas une fin en soi : elle constitue le pilier de toute politique de l'emploi crédible. C'est en cela que le lien avec le chapitre 1 est fondamental. Dans le premier chapitre, nous avons redéfini les fondements du contrat de travail, proposé un CET-NG pour redonner du sens à l'effort individuel, renforcé le lien entre cotisations et droits. Mais sans tissu productif local, ces dispositifs resteraient théoriques. On ne peut pas restaurer la valeur du travail sans restaurer le socle productif qui lui donne sa raison d'être.

C'est pourquoi le redéploiement industriel présenté ici n'est pas une politique sectorielle : il est la condition d'une transformation sociale profonde. Il permet d'offrir des débouchés concrets aux jeunes formés, de solvabiliser la protection sociale, de récompenser l'assiduité, de permettre une transition écologique ancrée localement, et de relocaliser les marges de manœuvre économiques.

La France peut retrouver sa puissance productive et redevenir une nation qui innove, qui transforme, qui exporte même. Mais cela suppose un projet clair, cohérent, centré sur l'intérêt des Français en priorité. Ce projet est engagé. Après avoir refondé les règles du travail, nous donnons à présent à la France les moyens de faire renaître son économie réelle.

Bien évidemment il manque des briques notamment celles consacrées à la formation et aux compétences pour prolonger cette logique. Car il ne peut y avoir de réindustrialisation sans main-d'œuvre qualifiée, sans fierté de produire, sans filières techniques valorisées dès l'école. La reconquête se poursuivra là où elle commence vraiment, à savoir, dans l'investissement humain.

II L'ambition d'une France parmi les 3 premières puissances mondiales

A – Un pacte économique national pour produire plus et mieux en France

La France peut redevenir une nation productive de premier rang. Elle possède des infrastructures puissantes, une position géographique stratégique, une main-d'œuvre compétente, et un potentiel d'innovation élevé. Pourtant, son appareil productif stagne, sous le poids de règles désincitatives, d'une fiscalité complexe et d'un déficit de vision industrielle. Il est temps de bâtir un véritable pacte économique, centré sur un objectif triple : produire plus, produire mieux, et produire en France.

1. Produire plus : relancer la capacité productive nationale

La désindustrialisation progressive de ces vingt dernières années a affaibli le tissu économique français, en particulier dans les territoires. Les entreprises, notamment les PME, rencontrent des obstacles lorsqu'elles cherchent à se développer, ce qui freine leur contribution à la croissance nationale.

Pour redynamiser la production, il est nécessaire de créer un environnement favorable à l'investissement industriel. Cela implique des mesures concrètes telles qu'un crédit d'impôt ciblé pour les entreprises qui choisissent de relocaliser leur activité en France, avec un engagement clair sur le maintien des emplois.

Par ailleurs, il serait judicieux de privilégier les entreprises produisant majoritairement sur le territoire national dans l'accès aux marchés publics. Ce choix renforcerait la compétitivité locale tout en soutenant l'emploi.

Enfin, il est essentiel d'adapter les seuils sociaux et fiscaux afin qu'ils ne freinent plus la croissance des PME. Une simplification de ces mécanismes permettrait aux entreprises de se développer plus librement et de contribuer pleinement à la relance industrielle.

2. Valoriser l'industrie française face à la concurrence internationale

Dans un contexte où la compétitivité par les prix est difficile à soutenir, la France doit miser sur ce qui fait sa force : la qualité, l'innovation et la durabilité. Pour cela, il est essentiel de structurer une politique industrielle qui valorise les savoir-faire, renforce la traçabilité des produits et soutient leur rayonnement à l'international. Certains secteurs, comme le numérique, la santé, l'électronique, les mobilités bas carbone ou l'agroalimentaire à forte valeur ajoutée, représentent des leviers stratégiques pour cette ambition.

Afin d'accompagner cette dynamique, un renforcement des financements publics pour les projets de recherche et développement industrialisés serait pertinent, à condition qu'ils soient ancrés dans le tissu productif national. La création d'un label "Fabriqué en France – Haute Valeur Ajoutée", soutenu par une campagne institutionnelle et un affichage réglementaire, permettrait de mieux identifier et promouvoir les produits issus de cette démarche.

Enfin, des incitations fiscales ciblées pourraient encourager les entreprises à exporter, à innover collectivement et à garantir une qualité certifiée, renforçant ainsi leur compétitivité sur les marchés internationaux.

3. Produire en France : renforcer la proximité et la souveraineté économique

Rebâtir une industrie nationale, c'est aussi reconstruire une économie ancrée dans les territoires. Cela permet non seulement de rapprocher la production des besoins locaux, mais aussi de consolider la souveraineté stratégique du pays. Pour y parvenir, il est essentiel de soutenir les filières structurantes et de développer des politiques industrielles adaptées aux réalités régionales.

Dans cette logique, la création d'un Fonds de souveraineté industrielle territoriale, doté de 10 milliards d'euros sur cinq ans et cofinancé par l'État et la BPI, offrirait un levier puissant pour accompagner les investissements locaux. Par ailleurs, fixer un objectif ambitieux de doublement du nombre d'entreprises de taille intermédiaire (ETI) en cinq ans — que ce soit par croissance organique, fusion ou transmission — permettrait de renforcer le tissu industriel et de favoriser l'émergence de champions régionaux.

Enfin, un abattement ciblé sur les impôts de production pour les entreprises qui sous-traitent en France encouragerait le recours à des partenaires locaux, consolidant ainsi les chaînes de valeur nationales.

4. Conditionner les aides publiques à des engagements mesurables

Les soutiens financiers accordés aux entreprises doivent désormais s'accompagner d'exigences précises. Il n'est plus acceptable que des subventions, exonérations ou prêts bonifiés soient attribués sans contrepartie mesurable. L'objectif est de garantir un véritable retour sur investissement pour la collectivité, en matière d'emploi, de formation, d'innovation ou d'exportation.

Dans cette perspective, chaque entreprise bénéficiaire devrait signer un contrat de performance économique, intégrant des indicateurs vérifiables tels que le nombre d'emplois créés, le volume d'exportations, la part de sous-traitance locale ou encore l'évolution de la masse salariale. En cas de non-respect des engagements, un mécanisme de remboursement automatique de l'aide permettrait d'assurer la rigueur du dispositif.

Enfin, la transparence est essentielle : une publication annuelle des résultats obtenus par les entreprises aidées renforcerait la confiance du public et permettrait d'évaluer l'efficacité des politiques économiques.

5. Valoriser le travail productif : remettre les métiers de terrain au cœur de l'économie

La richesse d'un pays repose sur celles et ceux qui produisent concrètement : ouvriers, techniciens, ingénieurs, logisticiens, artisans. Trop souvent relégués à l'arrière-plan, ces professionnels doivent retrouver leur place centrale dans les politiques économiques. Cela passe par une reconnaissance accrue de leur rôle, une meilleure valorisation de leurs compétences et une rémunération adaptée à leur contribution.

Pour encourager cette dynamique, il serait pertinent de mettre en place des incitations fiscales pour les primes versées aux équipes de terrain dans le cadre de la production collective. La création d'un label "Entreprise productive" permettrait également de distinguer les structures industrielles qui créent des emplois qualifiés sur le territoire, renforçant ainsi leur visibilité et leur attractivité.

Enfin, une priorité d'accès à certains appels d'offres publics pour les entreprises valorisant l'emploi productif local encouragerait les pratiques vertueuses et renforcerait le lien entre politique industrielle et emploi de qualité.

> Eric — Responsable de production, entreprise industrielle, région Grand Est « Aujourd'hui, produire en France, c'est possible, mais pas dans n'importe quelles conditions. Il faut qu'on arrête de subventionner ceux qui délocalisent et qu'on aide vraiment ceux qui embauchent ici. »

B – Réorienter l'investissement vers l'économie réelle

Depuis plusieurs décennies, une part croissante de l'épargne nationale et de l'investissement institutionnel est dirigée vers des actifs financiers à faible valeur productive tels que l'immobilier spéculatif, la dette souveraine étrangère, les placements court-termistes. Cette orientation fragilise notre tissu économique, nourrit les bulles spéculatives, et assèche le financement de l'innovation, de l'industrie, ou de la transition productive.

La France ne manque ni d'épargne, ni de capitaux, ce qui fait défaut, c'est l'orientation stratégique de ces ressources. Il est temps de mettre en place un cadre incitatif clair pour rediriger l'épargne et l'investissement vers l'économie réelle, c'est-à-dire vers les entreprises, les territoires et les filières qui créent des emplois durables, de la valeur ajoutée, et de la souveraineté économique.

1. Créer un avantage fiscal sélectif pour l'investissement productif

Les dispositifs fiscaux les plus attractifs aujourd'hui favorisent des placements peu risqués, comme l'immobilier locatif ou l'assurance-vie en fonds euros. Bien qu'ils soient sécurisants, leur impact sur le développement industriel reste limité. Pour orienter l'épargne vers des usages plus utiles à l'économie réelle, il est nécessaire de différencier la fiscalité en fonction de la contribution productive.

Dans cette optique, une réduction d'impôt renforcée pourrait être accordée aux particuliers qui investissent dans des fonds de réindustrialisation territoriaux, gérés par la BPI. Ce mécanisme permettrait de canaliser l'épargne vers des projets industriels locaux.

Par ailleurs, la mise en place d'un "Plan Épargne Production" offrirait aux citoyens la possibilité d'investir directement dans des entreprises françaises, avec une exonération partielle des plus-values à condition de conserver les fonds pendant au moins cinq ans. Ce produit d'épargne favoriserait l'engagement à long terme dans l'économie productive.

Enfin, un bonus fiscal ciblé sur les investissements dans des sociétés non cotées opérant dans des secteurs stratégiques — tels que l'industrie, la santé, le numérique ou la transition énergétique — renforcerait l'attractivité de ces filières et soutiendrait leur développement.

2. Mettre fin aux effets d'aubaine de la finance spéculative

Le capital doit servir l'économie réelle. Trop souvent, il est absorbé par des opérations financières à court terme, sans impact tangible sur le tissu productif national. Pour corriger cette dérive, il est nécessaire de mettre en place des régulations qui favorisent les investissements de long terme dans les entreprises françaises.

Une fiscalité différenciée sur les plus-values permettrait de réorienter les flux financiers : les gains réalisés sur des placements ultra-courts seraient davantage taxés, tandis que les investissements durables dans les PME et ETI françaises bénéficieraient d'un allègement. Cette mesure inciterait les investisseurs à privilégier la stabilité et l'engagement productif.

Par ailleurs, faciliter la transmission des entreprises industrielles familiales par une réduction des droits d'enregistrement contribuerait à préserver le savoir-faire et l'ancrage territorial de ces structures.

Enfin, un encadrement renforcé des pratiques de titrisation et des montages de dette à effet de levier limiterait les risques systémiques et garantirait que les mécanismes financiers ne compromettent pas la solidité des entreprises.

3. Mobiliser l'épargne salariale au service des filières stratégiques

Avec plus de 160 milliards d'euros, l'épargne salariale constitue un levier puissant pour soutenir l'économie nationale. Pourtant, elle reste majoritairement investie dans des supports éloignés des enjeux productifs. Pour renforcer la souveraineté économique, il est essentiel de réorienter une partie de ces fonds vers les secteurs clés du territoire.

Cela pourrait passer par la possibilité de flécher une part de cette épargne vers des fonds sectoriels productifs, sélectionnés et labellisés par l'État. Un "label productif national" permettrait d'identifier les supports d'investissement qui favorisent l'emploi industriel, la relocalisation ou la montée en gamme des entreprises.

Enfin, les entreprises pourraient être encouragées à proposer à leurs salariés des fonds d'investissement ciblés sur leur propre filière ou territoire, sans obligation, mais avec un accompagnement incitatif. Cette démarche renforcerait le lien entre les salariés, leur entreprise et le développement économique local.

4. Sécuriser et rentabiliser l'investissement dans l'économie réelle

L'investissement dans les entreprises productives reste freiné par une perception de risque élevé, un manque de liquidité et une faible visibilité sur le rendement. Pour encourager durablement les flux financiers vers l'économie réelle, il est essentiel de renforcer la sécurité, la transparence et l'attractivité de ces placements.

La mise en place d'un fonds de garantie publique, couvrant une partie des pertes en capital pour les investissements citoyens dans des PME industrielles labellisées, permettrait de réduire le risque perçu et de rassurer les investisseurs. En parallèle, la standardisation des informations financières — via des évaluations indépendantes, des notations productives et des scores territoriaux — offrirait une meilleure lisibilité et faciliterait les décisions d'investissement.

Enfin, une exonération partielle des droits de succession pour les actions non cotées conservées plus de huit ans dans des entreprises françaises productives encouragerait l'engagement à long terme et la transmission de capital vers des secteurs stratégiques.

> Alain, Dirigeant de fonds régionaux, secteur capital développement
>
> « On veut bien investir dans l'économie réelle, mais il faut nous y encourager. Aujourd'hui, ce sont les placements spéculatifs qui sont les plus simples et les plus récompensés. »

C – Baisser le coût de production sans dumping social

La compétitivité d'une économie ne repose pas uniquement sur le coût du travail, mais dans un monde ouvert, les écarts de charges, de complexité administrative et d'énergie peuvent rapidement désavantager nos entreprises. En 2023, le coût horaire moyen du travail en France était de 41,6 €, contre 37,2 € en Allemagne, 32 € aux Pays-Bas et 27 € en Italie. Ces écarts s'expliquent moins par les salaires nets que par les charges annexes, la fiscalité indirecte, et le mille-feuille réglementaire.

Plutôt qu'une baisse brutale de protections, il s'agit ici de cibler les surcoûts non productifs pour rendre le système plus lisible, incitatif et équitable, tout en préservant le pouvoir d'achat et la couverture sociale.

1. Réduction ciblée des charges pour soutenir les métiers en tension et les secteurs stratégiques

Plutôt que de généraliser les baisses de charges, ce qui s'avère coûteux et peu efficace, il est plus pertinent d'adopter une approche sélective. L'objectif est de concentrer les efforts là où les besoins sont les plus pressants et les retours économiques les plus significatifs.

Une réduction des cotisations patronales pourrait ainsi être appliquée aux embauches en CDI dans les métiers identifiés comme en tension, sur la base d'une liste actualisée chaque année par l'État et les branches professionnelles. De même, les emplois créés dans des secteurs stratégiques à forte valeur ajoutée — comme l'industrie, le numérique, la santé ou la transition énergétique — pourraient bénéficier d'un allègement ciblé des charges sociales.

Ces dispositifs doivent toutefois être assortis de conditions claires : les avantages seraient maintenus uniquement si l'entreprise respecte des engagements en matière d'évolution salariale ou de formation continue. Cette exigence garantit que les mesures fiscales soutiennent non seulement l'emploi, mais aussi la qualité du travail et le développement des compétences.

2. Réformer les allègements de charges pour soutenir la montée en compétences

La réduction Fillon, instaurée pour compenser le passage aux 35 heures, représente aujourd'hui plus de 21 milliards d'euros par an. Elle favorise principalement les bas salaires et entretient des effets pervers, comme la trappe à temps partiel. Pour rendre le système plus efficace, une suppression progressive sur quatre ans permettrait de réorienter ces ressources vers des dispositifs plus stratégiques.

Les économies ainsi dégagées pourraient être réaffectées à des baisses de charges ciblées, conditionnées à des engagements concrets de la part des entreprises : montée en compétences des salariés, relocalisation d'activités ou partage de la valeur. Ce changement de logique renforcerait l'impact économique et social des aides.

Un mécanisme de "bonus social productif" pourrait également être introduit : plus une entreprise investit dans la formation et l'évolution de ses collaborateurs, plus elle bénéficierait d'un allègement de charges proportionné. Ce système inciterait à valoriser le capital humain tout en soutenant la compétitivité.

3. Réformer les cotisations sociales : plus de clarté, plus de liberté, plus de sens

Le système actuel de cotisations sociales est souvent perçu comme opaque. Beaucoup de salariés ignorent ce que couvrent réellement leurs prélèvements, et à quel coût. Sans remettre en cause le principe d'universalité, il devient nécessaire de rendre le système plus lisible, plus souple et plus responsabilisant.

Une première étape consisterait à instaurer un socle de cotisation universelle obligatoire, couvrant les protections essentielles : santé, retraite de base et assurance chômage. Ce socle garantirait l'égalité d'accès aux droits fondamentaux.

Au-delà de ce socle, des options complémentaires pourraient être proposées, à la main du salarié : mutuelle renforcée, prévoyance, surcomplémentaire retraite, avec ou sans participation de l'employeur. Ce modèle, inspiré de l'assurance privée, permettrait à chacun d'adapter sa couverture à ses besoins, sans modifier le niveau de cotisations patronales, afin d'éviter toute distorsion ou effet de seuil.

Enfin, pour renforcer la transparence, chaque fiche de paie devrait clairement indiquer ce que couvre chaque cotisation, son coût réel, et les garanties associées. Cette lisibilité renforcerait la compréhension du système et la confiance des salariés dans leur protection sociale.

4. Simplifier la gestion des charges sociales pour libérer du temps et de la trésorerie

La complexité administrative liée aux prélèvements sociaux, les obligations URSSAF et les déclarations multiples représentent une charge lourde pour les entreprises, affectant leur trésorerie et leur stabilité. Une simplification profonde du système est nécessaire pour libérer du temps, réduire les erreurs et améliorer la prévisibilité.

La mise en place d'un portail unique, harmonisé et automatisé pour l'ensemble des prélèvements sociaux permettrait de centraliser les démarches et d'en faciliter le suivi. En parallèle, la réduction du nombre de lignes sur les bulletins de paie à cinq agrégats clairs renforcerait la lisibilité pour les salariés et les gestionnaires.

Enfin, un crédit de simplification sociale pourrait être accordé aux entreprises qui dématérialisent totalement leur gestion sociale. Ce dispositif incitatif encouragerait la modernisation des pratiques et la réduction des coûts administratifs.

Olga - Dirigeante d'une entreprise de mécanique de précision, Haute-Marne « Ce ne sont pas les salaires qui posent problème, ce sont les charges invisibles qui étouffent la rentabilité surtout dans les PME. »

D – Une fiscalité au service de la compétitivité productive

Le système fiscal français reste l'un des plus lourds, instables et peu lisibles d'Europe. L'impôt sur les sociétés (IS), bien qu'affiché à 25 %, est grevé de nombreuses exceptions, niches et dispositifs de report. Résultat : les entreprises réellement productives, notamment industrielles, sont moins optimisées fiscalement que les activités financières ou immobilières, souvent plus rentables et moins risquées.

Par ailleurs, la base de calcul de l'IS, le résultat comptable net, est sujette à manipulation comptable, ce qui crée des inégalités fiscales massives entre entreprises au détriment de celles qui produisent réellement en France.

Le temps est venu d'adopter une fiscalité simple, équitable, fondée non plus sur le bénéfice déclaré, mais sur le résultat d'exploitation réel, c'est-à-dire la richesse effectivement générée par l'activité.

1. Instaurer un impôt sur le résultat d'exploitation en remplacement de l'IS

Afin de mieux refléter la performance économique réelle des entreprises, il est proposé de remplacer progressivement l'impôt sur les sociétés (IS) par un impôt proportionnel basé sur le résultat d'exploitation. Cette nouvelle assiette fiscale, calculée après déduction des amortissements et des salaires mais avant les charges financières, les dividendes et les optimisations comptables, permettrait de mieux cibler la valeur ajoutée productive générée par l'entreprise.

Le taux de cet impôt serait modulé en fonction de plusieurs critères : la taille de l'entreprise, le secteur d'activité — avec des incitations spécifiques pour l'industrie et l'innovation — ainsi que la localisation, notamment par des réductions dans les zones de relance industrielle. Ce système favoriserait une fiscalité plus équitable et plus incitative.

Parmi les avantages attendus, on peut souligner la fin des montages comptables visant à réduire artificiellement les bénéfices imposables, une stimulation de l'investissement productif grâce à une taxation centrée sur la performance économique réelle, et une incitation forte à réemployer les bénéfices en France plutôt que de les transférer à l'étranger.

2. Créer une fiscalité incitative à la relocalisation et à la montée en gamme

Dans une logique de soutien à la relocalisation industrielle et à la montée en gamme des entreprises françaises, il est proposé de mettre en place une fiscalité incitative ciblée. Les investissements réalisés dans le cadre de relocalisations ou d'extensions industrielles sur le territoire national pourraient bénéficier d'une exonération temporaire d'impôt sur le résultat d'exploitation, sur une durée de trois à cinq ans. Cette mesure vise à encourager le retour de capacités productives en France et à renforcer le tissu industriel local.

Par ailleurs, un bonus fiscal sur les amortissements serait accordé pour l'acquisition de machines, brevets ou technologies contribuant à l'amélioration de la productivité ou à la réduction de l'empreinte carbone. Ce dispositif favoriserait l'innovation responsable et la modernisation des outils de production.

Enfin, une réduction de 50 % de l'impôt d'exploitation serait appliquée aux PME de moins de 50 salariés opérant dans des filières jugées prioritaires ou implantées dans des territoires en reconversion. Cette mesure permettrait de soutenir les petites structures engagées dans des secteurs stratégiques ou confrontées à des enjeux de transformation économique.

3. Supprimer les taxes contre-productives sur la production

La France se distingue par une fiscalité de production particulièrement lourde, qui s'applique même en l'absence de bénéfices. Ces impôts — tels que la CFE, la CVAE ou l'IFER — pèsent de manière disproportionnée sur les entreprises industrielles, notamment celles à forte immobilisation, et freinent leur compétitivité.

Pour remédier à cette situation, il est proposé de supprimer intégralement la CVAE et d'alléger de manière ciblée la CFE pour les sites à vocation productive. Cette mesure permettrait de réduire la pression fiscale sur les entreprises qui investissent dans l'outil industriel, tout en favorisant leur développement sur le territoire national.

En complément, une révision des taxes liées à la production énergétique serait engagée, avec des allègements conditionnés à des efforts concrets de décarbonation. Ce dispositif inciterait les entreprises à adopter des pratiques plus durables tout en bénéficiant d'un cadre fiscal plus favorable.

Enfin, la fusion de plusieurs micro-taxes en une contribution économique territoriale unique, indexée à l'emploi et à la valeur ajoutée, permettrait de simplifier le système fiscal tout en le rendant plus cohérent et plus équitable. Cette réforme viserait à renforcer le lien entre fiscalité et activité réelle, tout en soutenant les territoires dans leur dynamique économique.

4. Réaffecter la fiscalité vers des leviers productifs

La réforme de la fiscalité des entreprises, notamment par la baisse des impôts de production et la transformation de l'impôt sur les sociétés, doit s'accompagner d'une réallocation intelligente des ressources fiscales existantes. Il ne s'agit pas d'augmenter d'autres impôts, mais de mieux orienter les dépenses fiscales actuelles, souvent dispersées et peu efficaces.

Dans cette optique, il est proposé de supprimer les niches fiscales dont l'effet multiplicateur est faible, telles que celles favorisant les investissements spéculatifs à l'étranger ou les dispositifs dont le rendement économique n'est ni mesurable ni vérifiable. De même, les exonérations fiscales non conditionnées, notamment certains crédits d'impôt non liés à l'emploi ou à la formation, pourraient être réduites afin de recentrer les incitations sur des leviers productifs.

Les économies ainsi réalisées seraient réaffectées vers un fonds national dédié à la réindustrialisation. Ce fléchage permettrait de soutenir les investissements stratégiques, de renforcer la souveraineté industrielle et de favoriser une croissance durable fondée sur la création de valeur réelle.

5. Une fiscalité avantageuse pour l'actionnariat salarié

Dans un contexte où la fiscalité est souvent perçue comme favorisant les plus aisés, il devient essentiel de réconcilier les salariés avec leur entreprise en leur offrant des opportunités concrètes de participation au capital. L'actionnariat salarié apparaît comme un levier puissant pour renforcer l'engagement, la stabilité et le sentiment d'appartenance des collaborateurs. Il ne s'agit pas d'imposer une obligation, mais de créer une incitation forte, simple et accessible, sans complexité administrative ni contraintes supplémentaires pour les entreprises.

Pour cela, il est proposé de créer un régime fiscal spécifique destiné aux entreprises mettant en place un mécanisme d'actionnariat salarié, même minoritaire. Les actions distribuées ou acquises par les salariés bénéficieraient d'une exonération partielle de charges, à condition d'être conservées pendant au moins cinq ans. Cette stabilité favoriserait une vision de long terme et un alignement des intérêts entre salariés et dirigeants.

De plus, les plus-values réalisées lors de la cession de ces actions pourraient être soumises à une fiscalité avantageuse si elles sont réinvesties dans l'entreprise, renforçant ainsi le cycle vertueux de l'investissement interne. Enfin, un crédit d'impôt serait accordé dans le cadre de la transmission d'entreprise aux salariés, notamment dans les PME, afin de faciliter les reprises internes et de limiter les cessions à des fonds étrangers. Ce dispositif contribuerait à préserver l'ancrage local des entreprises et à valoriser le rôle des salariés dans la pérennité économique.

Un seul objectif : réconcilier travail et capital, donner aux salariés un intérêt direct à la réussite de leur entreprise, sans dénaturer leur rôle ni créer d'obligations supplémentaires.

> « On ne demande pas l'aumône, juste une fiscalité claire, juste, et alignée sur la vraie création de valeur. Aujourd'hui, on taxe ceux qui produisent, pas ceux qui optimisent. »
>
> Caroline - Directrice financière d'une ETI industrielle, Région Auvergne-Rhône-Alpes

E – Soutenir le développement des PME et ETI industrielles

La France compte près de 4 millions d'entreprises, mais seules 5 600 sont des ETI (Entreprises de Taille Intermédiaire). Cette catégorie est pourtant le pilier de l'économie allemande, avec plus de 13 000 ETI dynamiques, souvent industrielles, exportatrices et innovantes. En France, le tissu productif reste trop atomisé, fragile, souvent cantonné à la sous-traitance, avec un accès limité au financement, à la formation, aux marchés publics ou à l'innovation.

Les politiques économiques passées ont systématiquement favorisé soit les grands groupes (via des crédits d'impôt et aides directes) ; soit les microentreprises, avec des régimes spécifiques (autoentrepreneurs, exonérations de charges…) ; mais ont laissé de côté les PME industrielles, qui portent pourtant la création d'emplois durables et non délocalisables.

1. Prioriser l'accès des PME industrielles aux marchés publics

Pour renforcer le tissu industriel français, il est essentiel de garantir un accès équitable des PME aux marchés publics. Aujourd'hui, la concurrence est souvent faussée par des règles favorisant les grands groupes, notamment à travers des niches fiscales ou des appels d'offres sur mesure. Cette situation crée des déséquilibres qui nuisent à la dynamique de réindustrialisation. Un État véritablement libéral devrait veiller à une concurrence saine, sans favoriser certains acteurs au détriment des autres.

Dans cette perspective, il est proposé de réserver au moins 30 % des marchés publics industriels non stratégiques aux PME françaises. Cette mesure permettrait de soutenir les entreprises locales, de stimuler l'innovation et de renforcer la souveraineté industrielle. Par ailleurs, il conviendrait d'interdire les appels d'offres rédigés de manière à exclure les PME, en évitant les spécifications taillées sur mesure pour les grands groupes ou les intégrateurs.

Enfin, la mise en place d'une plateforme publique unique recensant l'ensemble des marchés accessibles aux PME industrielles faciliterait leur accès à la commande publique. Ce guichet centralisé améliorerait la transparence, réduirait les barrières administratives et encouragerait une participation plus large des acteurs industriels de taille intermédiaire.

L'objectif est de briser la dépendance des PME à un seul donneur d'ordre et ainsi leur permettre de monter en gamme et d'internaliser la valeur.

2. Créer un fonds souverain territorialisé pour les PME stratégiques

Si la France souhaite réindustrialiser durablement et renforcer sa capacité à exporter, il est essentiel que les fonds investis dans les entreprises industrielles soient majoritairement détenus par des acteurs nationaux. En effet, il est peu pertinent de soutenir financièrement des entreprises dont les dividendes s'échappent à l'étranger, affaiblissant ainsi l'impact économique local. Il ne s'agit pas de rejeter l'investissement étranger, qui reste nécessaire dans une économie ouverte, mais de créer les conditions pour que les capitaux français soient durablement réinvestis dans le tissu productif national.

Dans cette optique, la création d'un fonds souverain régionalisé est proposée. Ce fonds, financé conjointement par la BPI et les régions, aurait pour mission de soutenir les PME industrielles à fort potentiel, soit par une entrée au capital, soit par le financement de projets d'investissement. Ce mécanisme permettrait de renforcer l'ancrage territorial des entreprises et de sécuriser leur développement à long terme.

L'accès à ce fonds serait conditionné à la mise en œuvre d'un plan de développement local, incluant des engagements en matière d'emploi, de formation et de montée en compétences. Ce lien entre financement et impact territorial garantirait que les investissements publics contribuent directement à la revitalisation industrielle et sociale des régions concernées.

Les participations de l'État doivent rester minoritaires et temporaires, pour éviter toute prise de contrôle car le but est de sécuriser les entreprises stratégiques (notamment dans les filières critiques) contre les rachats étrangers ou les faillites en chaîne.

3. Instaurer un label "ETI France" pour la consolidation du tissu productif

Dans une stratégie de réindustrialisation ambitieuse, il est crucial de favoriser l'émergence de "champions sectoriels" capables de porter l'innovation, la compétitivité et l'exportation. Trop souvent, les entreprises françaises à fort potentiel ne bénéficient pas d'un accompagnement suffisant avant que des acteurs étrangers ne prennent le relais. Il est donc nécessaire d'agir en amont pour soutenir la croissance des PME industrielles les plus dynamiques.

Pour cela, il est proposé de créer un label attribué aux entreprises qui dépassent certains seuils de performance en matière d'emploi, d'investissement, de recherche et développement, ou de productivité. Ce label permettrait de reconnaître et de valoriser les entreprises les plus prometteuses dans leur secteur.

Les entreprises labellisées bénéficieraient d'un accès facilité à des aides publiques, à des financements garantis, ainsi qu'à un accompagnement personnalisé, adapté à leurs besoins de croissance. Ce soutien ciblé renforcerait leur capacité à se structurer, à innover et à se positionner sur les marchés internationaux.

Enfin, il serait pertinent d'encourager la fusion volontaire de PME complémentaires, afin de faire émerger un tissu de moyennes entreprises solides, capables de rivaliser avec les grands groupes. Cette dynamique de consolidation permettrait de mutualiser les compétences, les ressources et les capacités d'investissement, tout en préservant l'ancrage territorial.

4. Accompagner la transition générationnelle et la transmission des PME

La transmission d'entreprise constitue un enjeu majeur pour l'économie française. Près de 700 000 entreprises seront à transmettre dans les dix prochaines années, et bon nombre d'entre elles risquent de disparaître faute de repreneurs, ou d'être vendues à des acteurs étrangers. Pour préserver le tissu productif local et éviter une perte de savoir-faire, il est essentiel de faciliter les reprises internes et locales.

Dans cette optique, la mise en place d'un réseau national de reprise-reconversion est proposée. Piloté par l'État et la BPI, ce réseau aurait pour mission d'accompagner les transmissions d'entreprises, en identifiant les opportunités, en structurant les projets de reprise et en mobilisant les financements nécessaires.

Par ailleurs, une incitation fiscale forte serait mise en œuvre pour encourager la reprise par les salariés ou par des entrepreneurs locaux. Cette mesure s'appuierait notamment sur le crédit d'impôt pour l'actionnariat salarié (cf. proposition III.D), afin de rendre ces opérations plus accessibles et attractives.

Enfin, une exonération temporaire des droits de mutation serait accordée pour les transmissions productives locales. Ce dispositif permettrait de lever un frein financier important et de favoriser la pérennité des entreprises dans leur environnement territorial.

Il est impératif d'éviter la disparition de milliers de PME viables et préserver le tissu industriel local.

Ce qu'on demande, ce n'est pas une subvention, c'est une visibilité. Pouvoir investir, embaucher, transmettre. Aujourd'hui, à chaque fois qu'on grossit, on est pénalisé. »

Amine - Dirigeant d'une PME industrielle, Hauts-de-France

F – Produire mieux, durablement, sans naïveté écologique

La France a les moyens d'allier production industrielle et exigence environnementale, mais refuse trop souvent de poser les termes d'un écologisme productif. L'idéologie punitive a remplacé la stratégie. Résultat, nous importons massivement des produits polluants, fabriqués hors normes, souvent à base de charbon ou dans des conditions sociales indignes. La délocalisation est présentée comme une vertu écologique, alors qu'elle est un désastre planétaire. Il est temps de renouer avec une écologie économique responsable, centrée sur la production locale, l'innovation technologique et la réduction des externalités réelles sans quotas arbitraires ni interdits déconnectés.

1. Refonte des normes environnementales industrielles : clarté et territorialisation

La transition écologique ne doit pas se traduire par une paralysie réglementaire qui freine l'activité industrielle. Il est possible de maintenir un niveau d'exigence environnementale élevé tout en simplifiant les normes et en les adaptant aux réalités territoriales. Trop de complexité tue l'initiative, en particulier pour les PME industrielles qui ne disposent pas des ressources nécessaires pour naviguer dans un cadre réglementaire fragmenté et opaque.

Dans cette perspective, il est proposé de regrouper et de simplifier l'ensemble des normes environnementales applicables à l'industrie dans un code unique, lisible et accessible, spécifiquement conçu pour les PME. Ce code permettrait de clarifier les obligations et de faciliter leur mise en œuvre.

Par ailleurs, une territorialisation des normes serait mise en place, avec une adaptation selon les bassins industriels et les filières, sous pilotage régional mais avec une coordination nationale. Cette approche permettrait de tenir compte des spécificités locales tout en garantissant une cohérence globale.

Enfin, la création d'un guichet unique pour les autorisations environnementales, couvrant les ICPE, les rejets, le foncier, etc., avec un délai maximal garanti, offrirait aux entreprises une visibilité et une réactivité indispensables pour leurs projets industriels. Ce dispositif contribuerait à fluidifier les démarches et à accélérer les investissements.

2. Interdire les produits importés ne respectant pas nos normes environnementales

Pour que la transition écologique soit cohérente et équitable, il est indispensable d'aligner les exigences environnementales imposées aux entreprises françaises avec celles des produits importés. Il est illogique de contraindre fortement notre industrie, qui ne représente que 0,5 % des émissions mondiales, tout en continuant à importer massivement des biens issus de pays peu regardants sur les normes environnementales, comme la Chine, responsable de près de 50 % de la pollution mondiale. Cette asymétrie affaiblit notre compétitivité et compromet les efforts de réindustrialisation.

Il est donc proposé d'appliquer de manière rigoureuse le mécanisme d'ajustement carbone aux frontières de l'Union européenne, en l'étendant aux normes sociales. Cette mesure permettrait de rétablir une concurrence loyale et de valoriser les productions respectueuses des standards environnementaux et sociaux.

Par ailleurs, l'importation de biens manufacturés en provenance de pays ne respectant pas les Accords de Paris ou les conventions fondamentales de l'Organisation internationale du travail (OIT) serait interdite. Cette disposition viserait à éviter que la consommation française ne finance indirectement des pratiques polluantes ou socialement irresponsables.

Enfin, la mise en place d'un score environnemental lisible sur chaque produit mis en vente, intégrant les critères de production, de transport et de fin de vie, offrirait aux consommateurs une information claire et transparente, tout en incitant les entreprises à améliorer leur performance écologique.

3. Favoriser l'innovation écologique de rupture

La réindustrialisation ne peut être dissociée d'une réflexion écologique pragmatique. Il est illusoire de croire que relancer l'industrie ne générera aucun impact environnemental. Toutefois, il est possible d'anticiper ces effets en structurant dès le départ des filières compétitives dans le recyclage, les énergies propres et la sobriété technologique. L'écologie ne doit pas être un discours moralisateur, mais une responsabilité partagée, fondée sur le bon sens et l'efficacité.

Dans cette logique, il est proposé de créer un fonds d'amorçage dédié à l'"écologie industrielle", réservé aux projets de décarbonation ou de circularité. Ce fonds permettrait de soutenir les initiatives concrètes visant à réduire l'empreinte environnementale des activités productives, tout en favorisant l'innovation.

Par ailleurs, une réorientation ciblée des aides publiques serait engagée vers les technologies à impact industriel prouvé, telles que la capture carbone, l'hydrogène ou les biomatériaux. Ce fléchage garantirait que les financements publics soutiennent des solutions réellement efficaces et adaptées aux enjeux industriels.

Enfin, les aides seraient prioritairement attribuées aux entreprises produisant en France, afin de renforcer l'ancrage territorial des filières écologiques et de maximiser les retombées économiques et environnementales locales.

4. Encourager la relocalisation écologique et circulaire

La réindustrialisation est non seulement possible, mais nécessaire, à condition d'en objectiver les processus et d'en maximiser les retombées économiques, sociales et écologiques. Il ne s'agit pas de distribuer des avantages sans contrepartie, mais de créer un cadre incitatif cohérent, capable d'articuler souveraineté industrielle, transition écologique et stratégie d'exportation.

Dans cette logique, un bonus fiscal serait accordé aux entreprises qui relocalisent leur production tout en réduisant leur impact environnemental. Cette mesure inciterait à conjuguer compétitivité et responsabilité écologique, en valorisant les démarches vertueuses.

Par ailleurs, un soutien spécifique serait apporté à la reconstruction de filières industrielles complètes — telles que le textile, l'électronique ou l'emballage — intégrant des circuits courts, une recherche et développement locale, et une logique de production durable. Ce renforcement des éco-filières permettrait de structurer des chaînes de valeur résilientes et innovantes.

Enfin, les appels d'offres publics intégreraient des indicateurs environnementaux, avec une priorité donnée aux productions locales. Cette orientation favoriserait les entreprises engagées dans une démarche responsable, tout en renforçant l'ancrage territorial de la commande publique.

> « Quand on veut investir pour produire plus propre, on se heurte à 5 administrations différentes. On n'a pas le temps ni les moyens de naviguer là-dedans. Résultat : on abandonne. »
>
> Benoit - Chef d'entreprise dans la chimie, région Rhône-Alpes

G – Rééquilibrer le commerce extérieur et reconquérir les marchés mondiaux

Depuis 2004, la France enchaîne les déficits commerciaux. En 2023, ce déficit a encore dépassé 100 milliards d'euros, un niveau structurellement préoccupant. Cette situation résulte:

- De la désindustrialisation du pays,
- De la perte de compétitivité hors coût,

- D'une incapacité à conquérir durablement des parts de marché à l'export.

À l'inverse, l'Allemagne dégage un excédent commercial annuel supérieur à 200 milliards d'euros, grâce à son tissu d'ETI exportatrices, à la stabilité de son cadre économique et à une diplomatie commerciale assumée.

1. Mettre en place une diplomatie économique offensive

La diplomatie économique française doit devenir un levier stratégique au service de l'ensemble du tissu productif, et non uniquement des grands groupes. Trop souvent, l'influence internationale est réservée à quelques acteurs majeurs, alors que les PME et ETI innovantes peinent à accéder aux marchés étrangers. L'État, par l'intermédiaire du Président de la République et de ses réseaux diplomatiques, doit redevenir un acteur offensif de la conquête économique mondiale, en assumant pleinement son rôle d'accélérateur de débouchés.

Dans cette optique, il est proposé de créer une Agence de souveraineté exportatrice, issue de la fusion de Business France, des services économiques des ambassades et des Chambres de commerce internationales. Cette structure unifiée permettrait de coordonner les efforts de promotion, de soutien et de représentation des filières industrielles françaises à l'étranger.

Un démarchage actif de grands marchés étrangers serait engagé, ciblant les secteurs stratégiques tels que la santé, l'énergie, le transport, le luxe ou la défense. L'objectif est de positionner les savoir-faire français là où la demande est forte et où l'innovation peut faire la différence.

Enfin, un appui prioritaire serait accordé aux PME et ETI innovantes, avec des services concrets tels que : traduction, logistique export, couverture du risque commercial. Ce soutien opérationnel permettrait à ces entreprises de franchir plus facilement les barrières à l'internationalisation et de devenir des acteurs visibles sur la scène mondiale.

2. Rééquilibrer notre balance commerciale par filière stratégique

En introduction de cet ouvrage, il a été clairement annoncé qu'un Président se devait d'agir comme un chef d'entreprise avec la stature du chef de l'entreprise France. L'un des objectifs qui doit lui être donné est l'équilibre puis l'excédent de la balance commerciale. Sans faire de redite, une balance commerciale déficitaire est chaotique pour le PIB et les prélèvements sociaux, mais pour l'économie dans son ensemble, alors d'une balance positive permet, elle, toutes les progressions économiques souhaitées. Ainsi, il est venu le temps de donner une feuille de route objective au futur chef de l'Etat

Pour renforcer la souveraineté économique de la France, il est indispensable de structurer une politique industrielle fondée sur des indicateurs clairs et des priorités ciblées. Trop souvent, les aides publiques sont distribuées sans réelle évaluation de leur impact sur la balance commerciale ou la compétitivité sectorielle. Il est temps de mettre fin à un système où certaines entreprises subventionnées contribuent davantage aux importations qu'aux exportations.

Dans cette optique, il est proposé de mettre en place des comptes de performance par filière, électronique, pharmacie, biens d'équipement, etc., avec une publication annuelle permettant de suivre les évolutions, les déficits et les potentiels de rebond. Ces indicateurs serviraient de base à une politique industrielle plus sélective et plus efficace.

Les incitations fiscales et financières seraient alors concentrées sur les filières en déficit chronique, comme l'électronique, le textile ou les biens intermédiaires, afin de corriger les déséquilibres structurels. En parallèle, des consortia export seraient développés filière par filière, pilotés par les régions et les branches professionnelles, pour mutualiser les efforts et renforcer la présence internationale des entreprises françaises.

Les efforts publics seraient prioritairement orientés vers les filières qui plombent notre déficit commercial tout en présentant un potentiel de rebond. Les grands groupes bénéficiant d'aides ou de marchés publics devraient démontrer une contribution nette à la balance commerciale du pays, en termes d'exportations, de relocalisations ou d'investissements productifs.

Enfin, un "score de souveraineté économique" serait introduit dans les critères d'attribution des aides publiques, intégrant des indicateurs tels que le solde export-import, les investissements réalisés en France et les efforts de relocalisation. Ce score permettrait de garantir que les financements publics soutiennent réellement la compétitivité nationale.

3. Réformer la fiscalité sur les profits réalisés à l'étranger

Pour renforcer la souveraineté économique et encourager le réinvestissement productif en France, il est essentiel de mieux encadrer les flux financiers internationaux des entreprises. Trop souvent, les bénéfices générés à l'étranger sont conservés hors du territoire national ou transférés artificiellement via des mécanismes d'optimisation fiscale, affaiblissant ainsi la capacité d'investissement locale.

Il est donc proposé d'instaurer un mécanisme fiscal incitatif, permettant une exonération partielle d'impôt sur les bénéfices rapatriés en France, à condition qu'ils soient réinvestis dans l'économie nationale. Cette mesure encouragerait les entreprises à réinjecter leurs profits dans des projets productifs, créateurs d'emplois et de valeur.

Par ailleurs, une lutte renforcée contre les pratiques abusives de prix de transfert serait engagée. Ces mécanismes permettent à certaines entreprises de localiser artificiellement leurs bénéfices dans des juridictions à faible fiscalité, au détriment de l'économie française. Un encadrement plus strict garantirait que les profits soient imposés là où la valeur est réellement créée.

Enfin, il est impératif de ramener la richesse produite à l'étranger vers l'économie nationale, en limitant les stratégies d'optimisation fiscale nuisibles. Cette orientation permettrait de renforcer les capacités d'investissement locales, de soutenir la réindustrialisation et de garantir une meilleure équité fiscale.

> « On a un produit qui cartonne en Allemagne, mais pas les moyens de financer les certifications, ni une équipe export. On fait tout nous-mêmes et ça freine tout. »
>
> Rodolphe - Co-fondateur d'une PME industrielle, Grand Est

H – Créer des zones de reconquête industrielle sur tout le territoire

La réindustrialisation ne pourra réussir sans un ancrage territorial fort. Trop d'usines ont fermé dans les zones rurales ou périurbaines, laissant des territoires désindustrialisés, fragilisés, où le chômage structurel et la désespérance sociale se sont enracinés.

Or ces zones sont souvent dotées d'un foncier disponible, d'un vivier de main-d'œuvre, et d'une volonté politique locale. Encore faut-il leur offrir un cadre clair, stable, incitatif, et sécurisé juridiquement.

1. Création de 300 "Zones de reconquête industrielle" (ZRI)

La création de "Zones de reconquête industrielle" (ZRI) constitue une initiative stratégique pour revitaliser les territoires en déclin économique et faire émerger des vitrines du renouveau industriel français. L'objectif est de structurer un réseau de 300 zones sélectionnées selon des critères objectifs — taux de chômage, désindustrialisation, potentiel foncier, engagement des élus locaux — et de leur offrir un cadre d'accompagnement renforcé.

Chaque ZRI bénéficierait d'un label officiel et d'une gouvernance partagée entre l'État, les collectivités territoriales et les entreprises locales. Un guichet unique préfectoral serait mis en place pour centraliser les démarches liées aux projets industriels, garantissant une meilleure lisibilité et une accélération des procédures.

Les ZRI profiteraient également de procédures simplifiées et accélérées pour l'octroi des autorisations nécessaires — urbanisme, environnement, raccordement — afin de fluidifier les investissements. Enfin, un fonds d'amorçage dédié, cofinancé par l'État et les collectivités, permettrait de soutenir les projets industriels dès leur phase initiale, en facilitant leur implantation et leur développement.

2. Incitations fiscales ciblées dans les ZRI

Les incitations fiscales dans les Zones de reconquête industrielle (ZRI) ne doivent pas être perçues comme des privilèges accordés aux entreprises, mais comme des leviers puissants pour déclencher une dynamique d'investissement dans des territoires souvent oubliés. L'objectif est de générer un retour rapide en termes d'emploi, de fiscalité locale et de revitalisation économique.

Il est proposé d'accorder une exonération totale d'impôt sur les sociétés pendant cinq ans pour les nouvelles usines implantées dans une ZRI. Cette exonération pourrait être partiellement maintenue pendant cinq années supplémentaires, à condition que les emplois créés soient conservés. Ce mécanisme incitatif vise à sécuriser les investissements tout en garantissant des retombées sociales concrètes.

En complément, les entreprises bénéficieraient d'une exonération de la CVAE et de la CFE pendant dix ans, allégeant ainsi la charge fiscale locale et facilitant leur implantation. Enfin, une réduction des charges patronales serait appliquée aux emplois industriels créés dans ces zones, avec un barème progressif tenant compte du niveau de salaire et de formation. Ce dispositif encouragerait la création d'emplois qualifiés et durables.

3. Liaison formation–emploi–industrie à l'échelle locale

La réussite des Zones de reconquête industrielle (ZRI) repose sur leur capacité à articuler efficacement formation, emploi et développement industriel à l'échelle locale. Il ne suffit pas d'attirer des entreprises par des incitations fiscales : il faut créer un écosystème complet, capable de répondre aux besoins en compétences, en infrastructures et en qualité de vie pour les salariés.

Dans cette logique, il est proposé de déployer des campus territoriaux de compétences industrielles au sein des ZRI. Ces structures de formation seraient directement adaptées aux filières relocalisées, en lien avec les besoins des entreprises et les évolutions technologiques. Elles permettraient de former localement les futurs salariés, en partenariat avec les lycées professionnels, les missions locales et les agences France Travail.

La priorité serait donnée à l'embauche locale, afin de maximiser les retombées sociales et économiques dans les territoires concernés. En parallèle, la mobilisation du logement social et des transports publics serait encouragée pour faciliter l'accueil des salariés et renforcer l'attractivité des zones industrielles.

Ce modèle vise à dépasser la logique des avantages fiscaux pour structurer une reprise industrielle pérenne, fondée sur l'ancrage territorial, la montée en compétences et la cohésion sociale.

4. Sécurisation juridique des implantations industrielles

L'un des freins majeurs à l'implantation industrielle en France réside dans la complexité administrative et l'insécurité juridique. Sans remettre en cause la nécessaire protection de l'environnement et des territoires, il est impératif de simplifier les démarches et de sécuriser les décisions pour ne pas décourager les investisseurs. Trop souvent, des projets industriels sont ralentis, voire abandonnés, en raison de recours abusifs ou de délais excessifs.

Dans cette optique, il est proposé d'instaurer un bouclier juridique spécifique aux Zones de reconquête industrielle (ZRI). Toute autorisation d'installation ou d'extension industrielle validée dans une ZRI serait protégée contre les recours abusifs ou tardifs, sauf en cas de non-conformité manifeste. Ce dispositif offrirait aux porteurs de projets une sécurité juridique indispensable à la prise de risque.

Par ailleurs, les délais de contentieux seraient réduits à un maximum de six mois, afin de garantir une visibilité rapide sur la faisabilité des projets. Cette mesure permettrait d'accélérer les décisions et de renforcer la confiance des investisseurs.

L'objectif est clair : garantir un environnement stable, lisible et sécurisé pour les entreprises industrielles, qu'elles soient françaises ou étrangères, et ainsi favoriser une dynamique de relocalisation et de développement durable dans les territoires.

> « On voulait implanter notre site à 50 km de là, mais on a mis 3 ans à obtenir les autorisations. On a fini par aller en Allemagne. »
>
> Pierre - Dirigeant d'une ETI industrielle, Hauts-de-France

Une politique économique orientée vers la reconquête

La France dispose encore d'atouts considérables : une main-d'œuvre qualifiée, des infrastructures performantes, un tissu d'entreprises innovantes, et une puissance publique capable d'agir. Mais ces atouts sont aujourd'hui fragmentés, sous-exploités, et souvent freinés par un cadre économique trop rigide, désincitatif ou mal calibré.

Ce chapitre 2 démontre que l'efficacité économique peut être restaurée, à condition de rompre avec les politiques fragmentaires ou idéologiques du passé. Il ne s'agit pas de relancer artificiellement la croissance par la dépense publique ou de contraindre les acteurs économiques à coups de normes, mais de créer un environnement favorable à la production, à l'investissement et à l'emploi.

Les leviers proposés sont clairs :

- Une fiscalité économique refondée, ciblée sur la création de valeur réelle, la relocalisation et la transformation productive.
- Un État stratégique et facilitateur, qui oriente, accompagne et coordonne sans se substituer à l'initiative privée.
- Une ambition assumée de reconquête industrielle, dans les territoires comme à l'export.
- Des zones de redynamisation pour corriger les fractures territoriales et donner un cap concret aux politiques locales.

Cette politique est résolument tournée vers l'avenir. Elle ne s'appuie ni sur l'illusion de l'État omniscient, ni sur le dogme du laissez-faire. Elle repose sur un pacte de lucidité, de travail, d'innovation et de responsabilité partagée. Et pour illustrer en pratique ce que cela change, projetons-nous.

III – Ce que ça change pour vous

Pour un salarié du secteur privé

Aujourd'hui

Votre emploi peut être délocalisé à tout moment, sans que cela ne vous apporte la moindre compensation. Même lorsque votre entreprise réalise des bénéfices records, vous ne touchez aucun dividende. Vos perspectives d'évolution sont souvent limitées, en particulier en région, et vous n'avez aucun intérêt économique direct à ce que votre entreprise embauche, exporte davantage ou réduise l'absentéisme

Demain, avec les propositions du Pacte France :

Votre entreprise qui choisit de relocaliser sa production ou d'embaucher localement bénéficie d'incitations fiscales, ce qui favorise la création d'emplois stables près de chez vous. Vous avez la possibilité de devenir actionnaire salarié, grâce à un dispositif simple et incitatif qui vous permet d'accéder à une part du capital de votre entreprise.

Si vous vivez ou travaillez dans une Zone de Reconquête Industrielle (ZRI), vous bénéficiez d'un accompagnement personnalisé incluant des formations adaptées, des primes à la mobilité et des solutions de logement. Enfin, grâce au Pacte FRANCE, vous pouvez percevoir un bonus collectif si les indicateurs économiques de votre entreprise s'améliorent, par exemple, une baisse des accidents du travail ou une hausse des exportations.

Pour un entrepreneur ou dirigeant de PME

Aujourd'hui

La fiscalité des entreprises est instable, complexe et parfois décourageante. Vous êtes confronté à une surcharge administrative, entre formulaires, procédures et recours, qui freine vos projets. Investir en France coûte souvent plus cher qu'ailleurs, sans garantie de visibilité à long terme. Recruter devient un pari risqué, en raison des seuils sociaux, des contraintes réglementaires et du risque de contentieux.

Demain, avec l'ambition portée par le Pacte FRANCE :

Vous bénéficiez d'une fiscalité claire et prévisible, fondée sur le résultat d'exploitation, qui valorise la production, l'embauche et l'ancrage territorial. Dans les Zones de Reconquête Industrielle (ZRI), vous êtes accompagné par un guichet unique préfectoral, qui simplifie et accélère vos démarches administratives.

Les réductions de charges sont conditionnées à vos engagements concrets — création d'emplois, investissement local — et non à des obligations bureaucratiques. Le droit social est repensé pour favoriser l'agilité, la responsabilisation et la sécurité juridique, vous permettant de recruter et de développer votre activité avec plus de sérénité.

Pour un jeune en formation ou en recherche d'emploi

Aujourd'hui

Les formations proposées sont souvent déconnectées des besoins économiques réels de votre territoire. Vous êtes orienté vers des secteurs déjà saturés, avec peu de débouchés concrets. Les dispositifs publics censés vous accompagner sont complexes, lents et rarement efficaces, ce qui rend votre insertion professionnelle incertaine.

Demain, avec les propositions du Pacte FRANCE

Des campus industriels territoriaux vous forment aux métiers réellement en tension, en lien direct avec les besoins des entreprises locales. Vous accédez à des parcours courts, professionnalisants et rémunérés, conçus pour déboucher rapidement sur un emploi.

Les filières de reconversion ou de réorientation sont intégrées aux plans des Zones de Reconquête Industrielle (ZRI), avec un accompagnement local personnalisé. Ce modèle vous offre une vraie opportunité de construire un avenir professionnel solide, adapté aux besoins de votre territoire et aux enjeux industriels de demain.

Pour une collectivité locale

Aujourd'hui

Vous êtes largement dépendant des subventions de l'État, sans véritable vision stratégique à long terme. Les fermetures d'usines s'enchaînent, les services publics se contractent, et les jeunes quittent le territoire faute de perspectives. Vous ne disposez d'aucun levier concret pour influencer la politique industrielle ou orienter les investissements vers votre bassin de vie.

Demain avec cette étude

En devenant une Zone de Reconquête Industrielle (ZRI), votre territoire bénéficie d'un plan de revitalisation complet, piloté localement en partenariat avec l'État et les entreprises. L'État devient co-investisseur, les entreprises sont accompagnées et sécurisées, et les projets industriels sont accélérés.

Votre bassin d'emploi est ciblé, formé et réintégré dans une dynamique nationale de production. Vous retrouvez un rôle actif dans la stratégie industrielle, avec des outils concrets pour attirer les investissements, créer des emplois et redonner de l'élan à votre territoire.

Pour un investisseur industriel (français ou étranger)

<u>Aujourd'hui</u>

Investir en France peut s'avérer dissuasif. Vous êtes confronté à des incertitudes fiscales, à des délais d'implantation trop longs et à des contentieux fréquents. Le coût du travail est élevé, l'énergie est chère, et les normes sont souvent floues ou instables. Dans certaines régions, il est difficile de trouver les compétences adaptées à vos besoins industriels.

<u>Demain, avec cette réflexion</u>

Vous bénéficiez d'un bouclier juridique qui sécurise vos projets industriels contre les recours abusifs et vous garantit des délais maîtrisés. La fiscalité devient attractive si vous créez de la valeur, mais reste neutre si votre démarche est purement spéculative, favorisant ainsi les investissements productifs.

Les filières de formation locales sont directement corrélées à vos besoins, avec des parcours co-construits entre les entreprises, les collectivités et les acteurs de l'éducation. Ce modèle vous offre un environnement stable, compétitif et orienté vers la performance industrielle durable.

Chapitre 3 – Conclusion

La société française avance aujourd'hui dans une zone de turbulences où le déséquilibre est devenu une norme. Les salariés constatent que leur rémunération n'évolue pas malgré leur engagement, les entrepreneurs voient leurs marges écrasées par des charges qu'ils ne maîtrisent plus, les citoyens ont le sentiment que les règles ne s'appliquent pas de manière égale. Cette accumulation de frustrations alimente une impression de blocage permanent, comme si le pays s'était enfermé dans un cycle d'immobilisme dont il ne parvenait pas à sortir.

La lassitude se traduit rarement par des révoltes massives, elle prend plutôt la forme d'une résignation silencieuse. On accepte de faire avec, on se dit que les choses ne changeront pas vraiment, on réduit ses ambitions, on se replie sur soi-même. Ce climat ronge progressivement la vitalité collective, car il empêche d'imaginer de nouveaux horizons. Or, un pays qui ne se projette plus cesse peu à peu d'exister dans le concert des nations.

Pourtant, la France dispose d'atouts considérables. Ses territoires sont riches, ses entreprises sont créatives, sa population est instruite et attachée à l'idée de justice. Le problème n'est pas le potentiel, mais la manière dont ce potentiel est organisé et mis en valeur. Si l'on observe avec lucidité, on comprend que ce ne sont pas les Français qui manquent d'énergie, mais le cadre dans lequel cette énergie s'exprime qui n'est plus adapté.

C'est cette inadéquation entre les efforts réels et les résultats obtenus qui mine la confiance. Le salarié qui constate que son assiduité n'a aucune incidence sur sa retraite finit par se demander à quoi sert la régularité. L'entrepreneur qui voit un accident du travail contestable validé sans enquête perd foi dans la justice sociale. Le citoyen qui remarque qu'une personne sans emploi peut parfois disposer de plus de ressources qu'un travailleur au SMIC se met à douter du sens même de la solidarité. Ces décalages ne sont pas des détails techniques, ce sont des failles profondes dans le pacte national.

On ne peut pas bâtir un avenir solide sur un sentiment d'injustice. On ne peut pas demander aux citoyens de croire en la collectivité si la collectivité ne reconnaît pas leur engagement. On ne peut pas espérer relancer la croissance si les règles du jeu découragent l'initiative. La conclusion de ce tome n'est pas un résumé de ce qui précède, mais une invitation à comprendre que la France ne retrouvera sa vitalité que lorsqu'elle choisira de remettre la clarté et la justice au cœur de son organisation sociale et économique.

L'avenir d'un pays ne se définit pas par des contraintes techniques, mais par la vision qu'il porte de lui-même. La France pourrait choisir la voie du renoncement, celle qui consiste à se contenter de gérer au jour le jour, à réaménager sans cesse les dispositifs existants, à empiler des couches de réglementations contradictoires, jusqu'à étouffer toute initiative. Ce chemin est celui que nous connaissons depuis des décennies, et il nous conduit à la stagnation, à la perte de confiance, à la marginalisation progressive sur la scène internationale.

Mais la France pourrait choisir une autre voie, plus exigeante, plus courageuse, celle d'un pays qui décide de se regarder en face et de remettre à plat ce qui l'empêche d'avancer. Elle pourrait décider que la simplicité vaut mieux que la complication, que la transparence est plus efficace que l'opacité, que la justice consiste à reconnaître l'effort et non à multiplier les exceptions. Un tel choix ne serait pas une utopie, il correspondrait à une logique de responsabilité partagée, où chacun sait ce qu'il doit, ce qu'il apporte, et ce qu'il reçoit en retour.

Si ce chemin était emprunté, le quotidien des citoyens changerait en profondeur. Le salarié retrouverait une motivation nouvelle, car il saurait que sa constance et son engagement ne disparaissent pas dans l'anonymat, mais nourrissent directement son avenir. L'entrepreneur reprendrait confiance dans le fait d'embaucher, car il comprendrait que les règles ne sont pas faites pour le piéger mais pour lui permettre de grandir avec ses collaborateurs. Le citoyen, enfin, redécouvrirait que la solidarité n'est pas une charge mais une ressource, un filet de sécurité conçu pour protéger les plus fragiles et non pour entretenir les abus.

Cette transformation aurait aussi une dimension morale. Elle permettrait de restaurer le sentiment que la France est encore capable de produire une justice sociale qui ne soit pas théorique, mais vécue. La confiance collective se construit sur cette conviction : les règles s'appliquent de manière égale et les efforts ne sont pas vains. Là où règne le doute, la méfiance et le cynisme prospèrent ; là où la confiance est rétablie, l'énergie et l'initiative renaissent.

Ce choix ouvrirait également des perspectives économiques considérables. Un pays où le travail est valorisé attire davantage d'investissements, un pays où les règles sont lisibles favorise la croissance des entreprises, un pays où l'effort est récompensé libère des énergies nouvelles. La France pourrait redevenir un modèle en Europe, non pas en cherchant à imiter aveuglément ses voisins, mais en retrouvant sa propre tradition d'organisation claire et d'État efficace.

La transformation dont il est question ici n'est pas seulement économique, elle est culturelle. Elle demande que nous acceptions de rompre avec une habitude profondément ancrée : celle de croire que l'ajout d'une règle compense la faiblesse de l'existante. Il ne s'agit plus de corriger à la marge, mais de retrouver une architecture cohérente, où le citoyen peut comprendre en quelques mots ce qui régit sa vie professionnelle, sociale et fiscale. Ce basculement culturel est sans doute la condition la plus difficile, mais aussi la plus féconde, car il permettrait de réconcilier le pays avec lui-même.

Ainsi, la France pourrait se redécouvrir comme une nation capable de conjuguer protection et responsabilité, solidarité et effort, ambition collective et liberté individuelle. Cette projection n'a rien d'irréaliste. Elle suppose seulement de rompre avec la résignation et d'assumer la volonté de bâtir une société plus claire, plus juste et plus exigeante. C'est dans cette direction que ce premier tome invite à regarder, non pas comme une promesse instantanée, mais comme une trajectoire possible, à condition de choisir le courage plutôt que l'inertie.

Toute transformation nationale ne prend sens que si elle touche directement la vie des individus. Les réformes les plus audacieuses resteraient abstraites si elles ne trouvaient pas un écho dans le quotidien de chacun. Ce qui est en jeu, ce n'est pas seulement une architecture économique ou sociale, c'est la manière dont chaque Français pourra se projeter dans son avenir, avec confiance et dignité.

Pour le salarié, cela signifierait redécouvrir que son assiduité, sa régularité, son engagement de chaque jour ne sont pas ignorés. Trop longtemps, la constance n'a pas été valorisée, comme si elle allait de soi. Pourtant, elle représente une richesse invisible, une ressource silencieuse qui maintient les entreprises debout et fait tourner l'économie. Lorsque cette constance est reconnue, elle devient un moteur d'espérance. Le salarié n'accomplit plus seulement ses heures pour répondre à une obligation, il construit pas à pas une trajectoire dont il perçoit les bénéfices.

Pour l'entrepreneur, ce serait retrouver la fierté de prendre des risques sans avoir l'impression d'être suspecté en permanence. Le rôle de celui qui investit, qui embauche, qui forme, est trop souvent réduit à une fonction utilitaire, alors qu'il incarne une responsabilité lourde et un engagement quotidien. Un cadre plus clair, plus simple, redonnerait envie d'ouvrir des ateliers, de créer des sociétés, d'innover, de développer. L'entrepreneur n'a pas besoin de privilèges, il a besoin de règles stables et d'une reconnaissance sincère de sa contribution.

Pour le citoyen, qu'il soit actif ou non, l'enjeu serait de retrouver confiance dans le contrat social. Aujourd'hui, beaucoup doutent que ce contrat repose encore sur une équité réelle. Certains se sentent exclus, d'autres estiment donner plus qu'ils ne reçoivent, d'autres encore considèrent que les abus sont tolérés sans réaction. Restaurer la confiance, c'est montrer que la solidarité fonctionne pour ceux qui en ont réellement besoin, qu'elle protège de manière juste, et qu'elle ne se transforme pas en rente de confort. Cette confiance restaurée changerait le regard des citoyens sur leur propre pays.

Pour les jeunes, cette transformation ouvrirait un horizon de perspectives. Trop d'entre eux considèrent le monde du travail comme une suite d'entraves et non comme un champ de possibilités. Ils voient les générations précédentes lutter contre des blocages qui paraissent insurmontables et en concluent que leurs propres efforts seraient inutiles. Leur offrir un cadre lisible, des règles simples, une équité tangible, c'est leur dire que leur énergie ne sera pas gaspillée et que leur avenir ne dépend pas d'arrangements opaques mais de leur propre engagement.

Pour les retraités, enfin, il s'agirait de retrouver une sécurité morale. La retraite n'est pas seulement un revenu, c'est la traduction d'une vie d'efforts. Lorsque les pensions stagnent alors que la productivité du pays progresse, le sentiment d'injustice est immense. Recréer un lien clair entre l'activité des générations présentes et la reconnaissance due aux générations passées permettrait de restaurer la dignité des anciens et de montrer aux plus jeunes que leurs cotisations ne sont pas versées en vain.

Cette dimension humaine est centrale, car elle dépasse les chiffres et les dispositifs. Elle touche à la perception intime de chacun, à la manière dont il se sent reconnu ou oublié. La réforme ne sera réussie que si elle redonne à chaque individu, quelle que soit sa position dans la société, la conviction que ses efforts comptent, que sa présence est utile, que sa contribution a du sens. La politique n'est pas une mécanique abstraite, elle est d'abord une manière d'organiser la vie de millions de personnes. C'est à cette vie concrète que ce tome 1 s'adresse, en rappelant que la dignité collective commence toujours par la dignité individuelle.

Une nation ne se définit pas seulement par son organisation interne, elle se mesure aussi à la place qu'elle occupe dans le monde. La France a longtemps incarné une puissance respectée, capable de projeter son influence bien au-delà de ses frontières, par sa culture, par son économie, par son modèle social. Aujourd'hui, cette image s'est affaiblie. Non pas parce que le pays aurait perdu ses talents ou ses atouts, mais parce qu'il a laissé s'installer un doute persistant sur sa capacité à agir avec cohérence et continuité.

Lorsque les observateurs étrangers examinent la France, ils y voient une nation riche mais souvent paralysée par ses contradictions. Ils constatent que le potentiel humain et économique est immense, mais qu'il est freiné par une instabilité réglementaire, par une succession de réformes inachevées, par une incapacité à trancher entre des orientations claires. Cette perception n'est pas anodine, car elle conditionne les investissements, les partenariats et la confiance que les autres pays accordent à la parole française.

Retrouver une crédibilité internationale suppose de commencer par rétablir l'équilibre intérieur. Un pays où le travail est valorisé, où la solidarité est lisible, où les règles sont respectées par tous inspire confiance bien au-delà de ses frontières. Les investisseurs cherchent la stabilité, les partenaires recherchent la fiabilité, les voisins respectent ceux qui savent se gouverner eux-mêmes. Ce qui est en jeu n'est donc pas seulement une réforme sociale ou économique, mais la capacité de la France à redevenir une puissance qui compte dans les grandes décisions mondiales.

L'Europe, en particulier, observe la France avec une attention constante. Nos voisins savent que l'équilibre du continent dépend largement de notre vitalité. Une France affaiblie entraîne toute l'Union dans l'incertitude, une France stable et dynamique entraîne au contraire une dynamique positive. Ce rôle de moteur, que notre pays a souvent assumé dans le passé, ne peut être retrouvé que si nous réglons nos propres contradictions internes. L'Europe n'a pas besoin d'une France hésitante, elle a besoin d'une France sûre d'elle, capable de proposer des solutions crédibles, capable d'incarner une ambition commune.

Au-delà de l'Europe, le monde change à une vitesse considérable. Les grandes puissances redéfinissent leurs priorités, les blocs économiques se recomposent, les rapports de force se déplacent vers l'Asie et vers de nouveaux centres de croissance. Dans ce contexte, la France ne peut pas se contenter de protéger ses acquis ou de défendre son rang symbolique. Elle doit redevenir une puissance active, capable d'innover, de produire, d'exporter et de convaincre. Ce dynamisme ne viendra pas de slogans, il viendra d'une organisation intérieure solide et crédible.

Une nation respectée à l'international est d'abord une nation respectée par ses propres citoyens. La fierté nationale ne se décrète pas, elle se construit par l'exemple donné au quotidien, par des institutions qui tiennent leurs promesses, par un système qui récompense ceux qui contribuent. Lorsque le travail est valorisé, la société tout entière se redresse et le pays retrouve une autorité naturelle sur la scène mondiale. Cette autorité ne dépend pas seulement de la force militaire ou diplomatique, elle dépend aussi de la cohérence sociale et économique.

Ainsi, la réforme intérieure décrite dans ce premier tome n'a pas seulement une portée domestique, elle est la condition même de la renaissance internationale de la France. Un pays qui doute de lui-même ne peut pas convaincre les autres. Un pays qui hésite en permanence ne peut pas entraîner ses partenaires. À l'inverse, une nation qui a retrouvé le sens de la justice et de la clarté inspire, attire et entraîne. Le choix est donc devant nous : continuer à subir une image d'instabilité ou redevenir une référence mondiale, non par nostalgie, mais par cohérence et par exigence.

Chaque époque de l'histoire française a été marquée par des moments de choix décisifs. Certains furent douloureux, d'autres glorieux, mais tous ont façonné la trajectoire d'une nation qui n'a jamais cessé de se réinventer. Le temps présent en fait partie. Nous ne vivons pas une simple crise passagère, mais un tournant profond qui déterminera ce que la France sera dans les décennies à venir.

Le constat d'un système essoufflé ne doit pas mener à la résignation, mais à l'action. Le doute qui pèse sur le travail et sur l'équité ne doit pas conduire à l'abandon, mais à la recherche d'un nouveau souffle. Ce premier tome ne prétend pas fournir toutes les solutions, il ouvre un chemin. Il montre que la complexité peut être remplacée par la clarté, que l'opacité peut céder la place à la transparence, que l'injustice ressentie peut se transformer en reconnaissance réelle.

La France a toujours su se redresser quand elle décidait de regarder la vérité en face. Elle a traversé des guerres, des crises économiques, des bouleversements sociaux, et pourtant elle s'est relevée. Aujourd'hui encore, elle dispose de tout ce qui est nécessaire pour retrouver une place de premier plan. Ses territoires sont riches de talents, ses entreprises sont porteuses d'innovation, ses citoyens aspirent à plus de justice et de cohérence. Rien ne manque, si ce n'est la volonté de tracer une ligne claire et de s'y tenir.

Ce qui est proposé ici n'est pas un programme figé, mais une orientation, une manière de penser l'organisation collective. Elle repose sur une conviction simple : la société française ne retrouvera sa vitalité que lorsqu'elle renouera avec l'équilibre entre droits et devoirs, entre solidarité et responsabilité, entre liberté et justice. Cet équilibre n'est pas une abstraction, il est la condition de la confiance, et la confiance est la condition de tout progrès.

Le chemin ne sera pas facile. Il demandera du courage politique, de la constance dans l'action, de la pédagogie pour convaincre et embarquer. Mais il est à portée de main, et il vaut la peine d'être emprunté. Car l'alternative est connue : l'enlisement, la résignation, la marginalisation progressive dans un monde qui avance vite. La France n'a pas vocation à suivre à distance, elle a vocation à conduire, à proposer, à inspirer.

Ce premier tome se referme sur une conviction forte : l'avenir n'est pas écrit. Il dépend des choix que nous faisons collectivement, de l'énergie que nous décidons de libérer, de la confiance que nous acceptons de reconstruire. Rien ne nous condamne à subir les blocages que nous connaissons, tout nous invite à inventer un modèle plus juste et plus efficace.

La conclusion n'est donc pas une fin, mais un commencement. Elle appelle à poursuivre, à élargir, à approfondir. Car si le travail et l'entreprise sont les fondations de la prospérité, ils ne sont qu'une partie de l'édifice. D'autres tomes viendront explorer l'éducation, la sécurité, la santé, la souveraineté, tous ces domaines qui, ensemble, composent le destin d'un pays. Ce premier volume n'est qu'une première pierre, mais une pierre essentielle : celle qui ancre la société dans la valeur de l'effort et dans la clarté des règles.

En refermant ces pages, le lecteur ne doit pas seulement avoir découvert une analyse ou une série de propositions, il doit sentir qu'une perspective s'ouvre devant lui. Une perspective où la France reprend confiance en elle-même, où elle redécouvre qu'elle a les moyens de ses ambitions, où elle cesse de se contenter d'excuses pour assumer enfin son rôle. C'est dans cet esprit que se conclut ce tome : avec la certitude que le renouveau est possible, que le courage est à notre portée et que l'avenir appartient à ceux qui décident de le bâtir.

Table des matières

Revue « Marché et Organisations »

Promouvoir la recherche originale sur les relations de plus en plus étroites entre le marché et les organisations. Les acteurs économiques de taille, de puissance et de pouvoir différents dont les intérêts peuvent être convergents, complémentaires ou, le plus souvent, antagoniques, ont tendance à organiser les marchés. La raison du marché, pourtant, est la référence stratégique pour l'entreprise ainsi que pour les institutions publiques de décision économique.

N°6 : Entrepreneuriat et accompagnement. Outils, actions et paradigmes nouveaux, 2008
N°7 : Développement durable des territoires. Economie sociale, environnement et innovations, 2008
N°8 : Développement durable et responsabilité sociale des acteurs, 2009
N°9 : Gouvernance : exercices de pouvoir, 2009
N°10 : Le travail collaboratif. Une innovation générique, 2009
N°11 : Economie sociale et solidaire. Nouvelles trajectoires d'innovations, 2010
N°12 : Relations à la marque et marques de la relation. Regards croisés sur le management relationnel de la marque, 2010
N°13 : Les contrats au service de la recherche ?, 2011
N°14 : Le potentiel économique de l'Afrique subsaharienne, 2011
N°15 : Management de la distribution, 2012
N°16 : Territoire Vert. Entreprises, Institutions, Innovations, 2012
N°17 : Eco-conception, conception et innovation. Les nouveaux défis de l'entreprise, 2013
N°18 : Intelligence économique : entreprises et territoires, 2013
N°19 : La finance globale. Un monde fini, 2013
N°20 : La crise du « développement », 2014
N°21 : La Chine innove. Politiques publiques et stratégies d'entreprise, 2014
N°22 : Go East! Nouvelles Economies de Marché, 2015
N°23 : L'économie du changement, 2015
N°24 : Le temps des artisans. Permanences et mutations, 2015
N°25 : Innovations de proximité et esprit d'entreprise, 2016
N°26 : L'avenir des économies du Maghreb : entre inertie structurelle et envie de rupture, 2016/3 (n° 27)
N°27 : Le sport aux frontières du marché du travail, 2016
N°28 : Dynamiques internationales des entreprises, 2017
N°29 : L'univers du risque, 2017
N°30 : Les petites entreprises dans l'histoire industrielle, 2017
N°31 : Economie sociale et *social business* ? Au défi d'entreprendre et se financer, 2018
N°32 : Éducation et fertilisation des économies africaines, 2018
N°33 : L'entrepreneuriat innovant dans les pays du Maghreb, 2018
N°34 : L'entrepreneuriat scientifique : institutions et innovation, 2019
N°35 : Le champ économique de la culture, 2019
N°36 : Economie sociale et solidaire ? Modèles d'innovation et modes de gouvernance, 2019
N°37 : Rethinking Luxury Business, 2020
N°38 : La santé connectée. Nouvelles technologies et réorganisation des soins, 2020
N°39 : Options stratégiques et systèmes complexes d'innovation, 2020
N°40 : Les services : intégration des systèmes productifs et lien social, 2021
N°41 : Crise pandémique, crise globale. Réalité et controverses théoriques, 2021
N°42 : La crise de la covid-19. Le marché et les organisations en perspective, 2021
N°43 : (Re)faire système. *Bug & reset*, 2022
N°44 : Aléas du marché et management du risque, 2022
N°45 : Le renouveau du transport et de la logistique : les systèmes d'information, 2022
N°46 : Entrepreneuriat et innovation dans l'enseignement supérieur, 2023
N°47 : Le tourisme créatif. Culture, créativité, patrimoine, management, 2023
N°48 : L'Afrique : questions de performances, 2023
N°49 : *Fintech* en sciences du management, 2024

https://www.cairn.info/revue-marche-et-organisations.htm

Collection « L'esprit économique »
fondée par Sophie Boutillier et Dimitri Uzunidis en 1996

Dernières parutions

► ***Série Economie et Innovation***
G. DUTHIL, *Handicap et insertion professionnelle*, 2022.
T. MICHAUD, *La science-fiction institutionnelle*, 2023.
M. TOMAS, *Gouvernance territoriale et développement économique au Maroc : l'opportunité d'une étude économétrique*, 2025.
► ***Série Le Monde en Question***
M. CAMARA, *Être ministre de l'Économie et des Finances de la République de Guinée*, 2024.
R. A. OBAM NLONG, *Du franc CFA à l'Afrix : la nécessaire refonte du Fonds Monétaire Africain*, 2024.
A. N. BASAHAG, *La réforme budgétaire dans les États de la Communauté économique et monétaire d'Afrique centrale (CEMAC)*, 2025.
A. OUCHEN, *Analyse des crises financières de grande ampleur : étude économétrique de contagion*, 2025.
O. S. AWAL, *Dette publique et développement au Cameroun : outils, stratégies et souveraineté économique*, 2025.
M.-C. DJIENA WEMBOU, E. B. AKONO, *Réformes économiques et financières en Afrique centrale : bilan et perspectives*, 2025.
E. FAKABA SISSOKO, *L'État, le marché et la fragilité : dynamiques croisées de l'investissement public et privé dans l'Alliance des États du Sahel (AES)*, 2025.
Ch. PROVIDENCE, *Développement durable dans la Caraïbe francophone : économie, culture et politique sociales face aux enjeux territoriaux*, 2025.
► ***Série Krisis***
B. LANDAIS, *Théorie générale de la croissance économique et du développement*, 2024.
V. SOYER, *Critique de la théorie contemporaine de la valeur*, 2024.
E. CARREY, H. LANDIER, *De l'économie financière à l'économie du sens et du soin*, 2025.
J.-E. Brunie, *Faire le choixce : Une monnaie universelle pour réparer le capitalisme et protéger le vivant*, 2026.
► ***Série Clichés***
B. S. BONBON, *Géométrie parabolique tridimensionnelle ou perspective parabolique*, 2023.
S. BOUTILLIER, B. LAPERCHE, S. T. K. LE, *Ports industriels en transition : De l'économie circulaire à la décarbonation*, 2024.
B. HAGIARIAN, *En route vers le capitalisme*. Suivi de *Qu'est-ce qu'un supermarché ?*, 2025.
► ***Série Cours Principaux***
B. LANDAIS, *Macroéconomie. Les fondamentaux*, 2024.
A. KATFI, O. EL MNOUER (dir.), *Mathématiques financières. Cours d'initiation et exercices corrigés*, 2024.
J. NGONGO NGOY, *Manuel d'analyse financière*, 2024.
H. GUENICHI, *Analyse avancée de données de panel : aperçu du cadre théorique et applications avec Stata et R*, 2025.
Y. KEHO, F. B. DOUCOURE, *Économétrie des données de panel : rappels de cours et applications avec Stata*, 2025.
Z. T. M. VAHI, *Modélisation du risque de crédit bancaire/ Les enjeux de la norme IFRS 9*, 2025.
M. Y. EL ALAOUI ISMAILI, J. AYEGOU, B. GBAOUI, *Méthodologie de recherche en sciences économiques : réussir sa thèse et son mémoire de fin d'études*, 2026.
► ***Série L'économie formelle***
J.-L. VILLOUTREIX, *L'eau coule à Aguad : un conte économique*, 2024.
B. MEUNIER, *L'insoutenable dette publique de la France*, 2024.
J. LATREILLE, *Le PIB, ou la mesure de notre démesure*, 2024.
C. MEIDINGER, *Controverses macroéconomiques contemporaines*, 2024.
J.-M. RUFFIE, *La loi de l'offre et du besoin : décrocher de la demande*, 2025.
J.-N. COTTIER, *Les financières de l'immobilier locatif : SCPI, OPCI (SPPICAV et FPI) et SIIC*, 2025.
O. S. AWAL, *Fiscalité, financement structuré et le rôle du leveraged buyout : théories financières, nouvelles approches de valorisation et application aux économies émergentes*, 2026.

Structures éditoriales du groupe L'Harmattan

L'Harmattan Italie
Via degli Artisti, 15
10124 Torino
harmattan.italia@gmail.com

L'Harmattan Hongrie
Kossuth l. u. 14-16.
1053 Budapest
harmattan@harmattan.hu

L'Harmattan Sénégal
10 VDN SICAP AMITIE 3
BP 45034 Dakar-Fann
direction@senharmattan.com

L'Harmattan Cameroun
Tsinga/Derrière polyclinique FECAFOOT
BP 11486 Yaoundé
Jacques.koukam@harmattan.fr

L'Harmattan Burkina Faso
Villa 281, secteur 23 623, rue 14.32
Ouagadougou
zagbie@outlook.fr

L'Harmattan Guinée
Almamya, rue KA 028 OKB Agency
BP 3470 Conakry
harmattanguinee@yahoo.fr

L'Harmattan RDC
185, avenue Nyangwe
Commune de Lingwala – Kinshasa
matangilamusadila@yahoo.fr

L'Harmattan Congo
219, avenue Nelson Mandela
BP 2874 Brazzaville
deunovmikhael@gmail.com

L'Harmattan Mali
Immeuble Mgr Jean Marie Cissé
Aci Hamadallaye
BP 145 Bamako
syllaka@yahoo.fr

L'Harmattan Togo
Djidjole – Maison Amela
face EPP BATOME
02 BP 20680 Lomé
didieramela11@gmail.com

L'Harmattan Côte d'Ivoire
Résidence Karl – Cité des Arts
Abidjan-Cocody
03 BP 1588 Abidjan
harmattan.ivoire@gmail.com

L'Harmattan Bénin
Rue 604, (Immeuble à l'entrée
de la rue UCAO- Cite de Saint-Jean)
Cotonou
stepcorpus@gmail.com

Nos librairies en France

Librairie internationale
16, rue des Écoles
75005 Paris
librairie.internationale@harmattan.fr
01 40 46 79 11
www.librairieharmattan.com

Librairie des savoirs
21, rue des Écoles
75005 Paris
librairie.sh@harmattan.fr
01 46 34 13 71
www.librairieharmattansh.com

www.ingramcontent.com/pod-product-compliance
Lightning Source LLC
LaVergne TN
LVHW010937061026
849535LV00007B/2439
* 9 7 8 2 3 3 6 5 9 6 9 7 6 *